哈佛激励课

THE TAO OF MOTIVATION

【英】马克斯·兰茨伯格 著 卞学光 等 译

红旗出版社

The Tao of Motivation

目录

导　言

并不是因为事情很困难我们才不敢；恰恰相反，正是由于我们的胆怯才让事情显得可畏。

——塞内卡

想象力远比知识重要。

——阿尔伯特·爱因斯坦

世界上最重要的是什么？金钱，权力，性？食物，房子，安全？爱情？健康？

尽管以上这些事物都非常必要，但是还有更加重要得多的事物，这就是激励你自己和他人的能力，因为激励的技巧和习惯将令期望未来的能力、使梦想焕发新生的自信心和成功的奇迹都喷涌而出。

但奇怪的是，激励的技巧极少获得传授，除非被生活中冷嘲热讽的枪林弹雨或者偶然发生的小插曲所昭示。

本部分旨在通过提供许多人在多年的岁月流逝中有效运用的简单工具和技巧来填补此空白。具体说来，每一章集中探讨一种激励的技巧，对之精确描述，并且举例阐明如何运用该技巧，所举之例皆为阿历克斯传奇生涯中为拯救其职业所进行奋斗的一幕幕场景。

什么是激励

“激励”是那些有着诸多细微差别的不同含义的词语之一。本书所使用“激励”一词具有下列含义：使你自己（或者其他人）贯注力量去实现积极目标的技巧。该技巧包含一系列相互促进的步骤：创造愿景和动力，培植信心，毅然行动，观察结果并克服障碍，建设性地应对反馈……这又回溯到信心的培植。

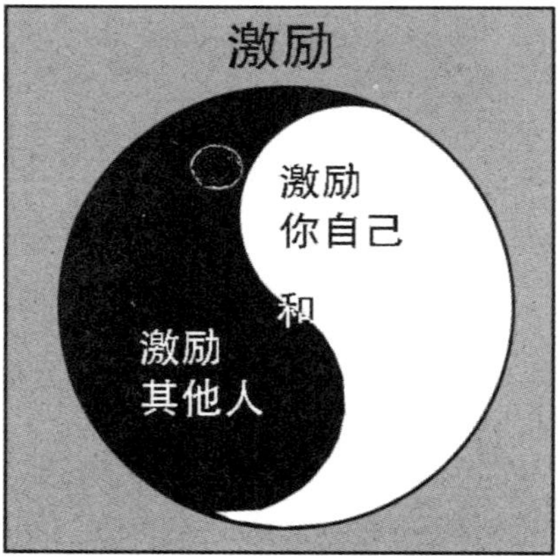

自我激励的技巧鼓舞成功者更上一层楼，推动潦倒者自救，促进我们大家的成长。如果你能施以援手来激励他人，那么你所给予他们的是一份难以忘怀的礼物。

在当今的商业世界中，除非你能激励你的下属，否则你不可能成为一名领袖。但是，该技巧的重要性远非仅仅限于工场所。

因为我们所有的人在某些时刻都会在某种程度上成为领导者——不论是对家庭，或一群朋友，或一个运动团队，或者是患难之中的朋友而言都是如此。

在现今这个越来越变幻莫测的世界上，也许只有一个高招可以让你真正高枕无忧——自信，不论环境可能强加给你的是什么，你都拥有激励自我的能力。

你从本部分能获得何种教益

本部分之所以以“激励”命名，是因为其所论述的激励你自己和他人所导致的结果相互紧密联系，正如道教中的阴阳一般。你可曾被那些他们自己都未曾被激励的人所激励？在你成功地帮助他人达到激励状态之时，难道你自己不曾也感到激奋不已？

一旦你阅读完本部分内容，并应用其中的某些建议，你应该能够激励自己去实现某一特定目标，在整体上更加“激奋不已”，而且能够对他人施加惊人相似的影响力。

然而，任何书籍都仅仅只是指南而已，熟能生巧是良训。另外，我冒昧建议读者采用一些简单办法“毅然行动”，在和其他人互动的基础上发展激励的技巧。（附录1就读者如何方能最有效地从本部分中获益提出了一些建议。）

本部分结构

本部分的前半段解释了一项可以用于激励你自己和他人的简单却威力巨大的技巧。该段内容展示了富有激励技巧的人所追求的不仅仅是让别人开心，而且还包括帮助别人意识到在剧增的努力和令人激奋的回报之间的持续联系。激励是帮助他人创造一项过程并习惯性地应用它，而不是提供某种一次性抚慰。

本部分后半段解释了应用心理学的有关要素——这些是你发挥经理职能所不可或缺的。而且我确信你会发现这些知识并非仅仅和工作场所相关。

至少在今日的商业世界里，持之以恒地全力投入和全神贯注是个人成功和幸福的必备要素。我希望这部分内容能够帮助每位读者迅速沉醉于给予激励的积极习惯中。

本章中阿历克斯看到了拂晓前的曙光——

他意识到需要散布激情。

第 1 章 激励和领导才能的三个维度

阿历克斯结束了度假并回到了工作岗位。尽管他的行李箱很轻——如同他的钱包一般，但是他的双肩却稍微有点儿耷拉。整整一周他都在等一通电话，祝贺他荣升为董事会成员的电话。

但是这通电话始终没有来。虽然董事长和他在电话中进行过简短的交谈，但他没发现任何明确的信息。现在阿历克斯担心杳无音信会最终变成坏消息。

借助假日肤色做掩护，阿历克斯冒险溜进了位于公司全球总部大楼十层的执行办公室。他一边和秘书朱丽娅愉快地打招呼，一边在心里揣度就自己的职业生涯变动的可能性她究竟知道了些什么。她没有透露什么。“……哦，对了，”她无动于衷地结束了谈话，“顺便说一声，杰姆想在 9:30 见你。”

杰姆是一个非常直率的家伙。他也是阿历克斯的顶头上司。阿历克斯知道伸出来的欢迎之手也将同时昭示他的幸运或者厄运。他不知道会是哪一种结果。

他来不及进一步胡乱猜测，因为杰姆不期而至。“度假愉快吗？”杰姆问候道。阿历克斯知道这问题仅仅是客套话而已，因为杰姆在他对面坐下，接着说道：“很抱歉我没给你打电话。这事儿有点儿麻烦，你知道的。我们最好别兜圈子啦！公司恐怕无法任命你为董事会成员……”

阿历克斯感到天旋地转。大家都知道这是他最后的机会。阿历克斯努力想集中注意力，但他的思维之车没头没脑地横冲直撞，一会儿快速前进，一会儿快速倒退。“我该告诉莎拉什么？”“那间希腊酒吧叫什么名字来着？我们上周还去过那里呢。”“杰姆会不会解雇我？”阿历克斯要在几小时之后才能明白下面这篇经过艺术家精心粉饰的杀伤力话语的含义：

“你知道，阿历克斯，我们通常认为你干得很棒。你为公司找到了极好的并购目标，主持了一些大型的重组活动，而且在执行委员会会议期间做出了重要贡献。”

“但是，对于我们所处的行业而言，人才至关重要。这些人才需要激励和鼓舞，而不仅仅是被管理好就够了。尽管你的团队确实视你为教练，但是大家感觉你仅仅只是完成了教练的职责。也许你对于如何进行真正富有激励性的领导没有给予足够的注意。公司对领导素质的这方面要求正在趋于严格——在遴选董事的时候更是如此。”

阿历克斯的肾上腺素最终发挥了作用，让他听到了杰姆的最终总结：“我知道你需要一些时间来消化这些。现在有一个职位空缺——特别项目部主管。我们认为你应当到该部门待上一两个月，这会有助于你把事情彻底想明白。”

“你是不是说我在公司里已经没有前途可言了？”阿历克斯嘟囔了一句，紧接着，他下了更大的决心，“这不公平！”

“听着，阿历克斯，真正的领袖有三方面共同点：构建和描绘团队该向何方去的激动人心愿景的智慧和艺术技巧；鼓舞和激励团队、客户和与愿景相关的其他人的激情；自我激励能力、个人魅力和解决问题的技巧，以便帮助保持团队以及个体成员斗志昂扬、高歌迈进。这些素质综合起来就构成了激励他人的能力。”

“我们不是说你一定缺乏这些能力，只不过我们并没有发现你足够地发挥了这些技巧。因此，你并没有被解雇。不过，你应该花费一些时间来想想你是否能够——并且热诚希望——向我们展示这些技巧。如果你决定离开公司另谋高就，我对此十分理解。当然我也无法承诺在近期给你提升。”

阿历克斯很清楚这一切意味着什么。特别项目部从来就没有什么非常特别之处，该部门是即将出局的高级职员的暂时栖身之地。“把事情彻底想想明白”则意味着另谋高就。阿历克斯知道他正迈向死刑台，而且获得赦免的机会很渺茫。他的同伴将是“褪色五员”——一小撮公司没有更合适位置安排的中级职员。

杰姆离开办公室后，阿历克斯一动不动地呆呆坐了好几分钟。接下去他想到大厦外面走走，以便清理一下思绪。从电梯里钻出来后，他眯缝着眼睛看着潮水般淹没了旋转门和接待区的阳光。一个身影像被光线推着一般靠近了他。这是迈克尔，公司的前任首席财务官，曾经指导过他。迈克尔现在每个月当几天公司的非执行董事。“阿历克斯，你还好吗？好久不见，刚刚度假回来？”

“是的，不过我刚刚获知一个令我难过的坏消息。”

迈克尔猜想阿历克斯已经知道董事会的决定了，但他还想证实一下：“你刚和杰姆会过面？”

“是的……对了，今天晚些时候我们能有机会谈谈吗？”

迈克尔犹豫了一下：“……阿历克斯，我今天一天都要开会。”但是他知道阿历克斯需要帮助，“如果你愿意的话，我们可以在六点三十分左右简短地喝上一杯。”

阿历克斯高兴地接受了这个提议。他知道回家后得把这个令人沮丧的消息告诉莎拉。也许事先和迈克尔谈谈会有助于他排练一下如何对她说。而且，说不定迈克尔会更实质性地帮帮他……

激励和领导才能

有许多理由要求我们培养激励的技巧和习惯。最基本的原因大概就是：（1）成为更有效率的领导者；（2）在更广泛的意义上成为世界上积极向上的博爱、慈善的一分子。

我们每个人都可以选择是否要博爱对人。但是商业上的成功者通常都是领导者，而且，在工作场所之外，领导他人的需要通常不期而至地降临在我们身上，而不论我们是否有意去寻求这种机会。我们中的大多数人都会在某些时刻成为某些事情的领导者：一个公司，一个职业团队，一个运动团队，一个家庭，共同外出看电影的一群朋友。最低限度上，我们领导和主宰我们自己。

关于领导才能的论述已经汗牛充栋，但它们都可精练为一个简单的公式，在下边会对此公式做解释：

领导才能＝愿景 × 鼓舞 × 动量

请注意，尽管领导者一般首先集中发展“愿景”，然后依次是“鼓舞”和“动量”，然而，在工作进展中，该领导者也会继续在所有这三个方面努力。除此之外，虽然每个领导者都有自己独特的风格，但是，真正的领导者会在所有这三个方面都满足最低的临界阈值要求。不会鼓舞的愿景创造者不是一个领导者，能让团队保持动量的人若缺乏愿景则也不是领导者。

那么，激励和领导才能之间的关系到底是怎么样的呢？

* 如果你不能激励他人，那么你不可能成为一个卓有成效的领导者；

* 激励和领导才能的所有三个方面紧密结合；

* 尽管所有的领导者都需要激励，但并非所有的激励者都需要成为领导者。也许你应用激励技巧的目的“仅仅”是为了帮助一个朋友。

本部分的其余地方旨在为你提供一些容易记忆并且实用的工具，以帮助你激励自己和他人。第二章描述了这些工具中的第一项。不过，请首先完成附录 2 中的测评表，这样的话你的进步就会更有针对性。

领导才能的三个维度

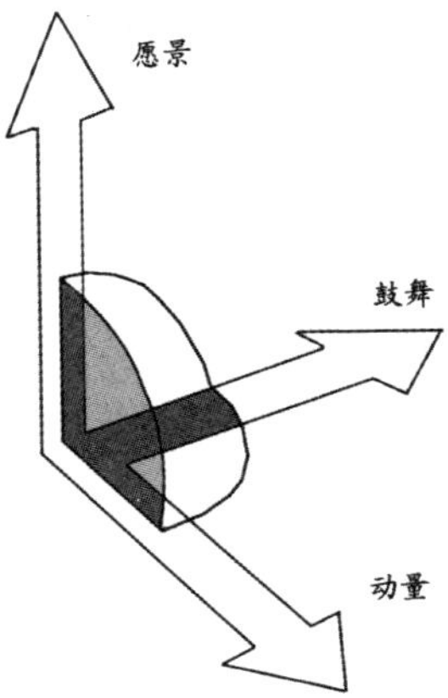

愿景：足够聪明能决定什么需要完成（一项激进的新创意，或者运作时机已经成熟的旧想法），以及有足够的艺术技巧来描绘出旅程终点和途中的激动人心的美景。

鼓舞：成为足够优秀的销售员，以劝服他人加入愿景、旅程和团队之中。

动量：拥有足够的自我激励能力、个人魅力和人际沟通技巧，以及解决问题的能力，以保持整个团队及其中的成员斗志昂扬、高歌迈进。

	工作	家庭	自己
1．愿景	“买断区域广播许可权，缔造全国性的网络”	“有生之年的家庭度假”	“回到非吸烟者状态”
2．感召力	招募感兴趣者组建团队	激发起个体家庭成员的热情	动员自己全身心地投入（而非仅仅关注健康、节约等）
3．动力	调控进展，克服障碍，保持团队或者个体成员斗志“昂扬”		

拿破仑鸡飞狗跳的一天

要领导别人，你首先需要激励他们；
要激励别人，你首先需要激励你自己。

阿历克斯发现了

足以永远改变他生命的一张简图。

第2章 VICTORY——激励的要素 [1]

傍晚时分，在距离办公室一箭之遥的酒吧里，阿历克斯敲了敲吧台："请来两杯威士忌。再来两杯。"

在过去五年中，迈克尔曾经在许多场合中对阿历克斯施以援手，所以阿历克斯信任他。当他们在一个安静的角落坐定后，阿

[1] Victory的含义为"胜利"。这个单词由激励过程的五个组成步骤和其核心的英文字头连接而成：愿景（vision），动力（impetus），信心（confident），毅然行动（taking the plunge），结果和障碍（outcomes and obstacles），应对反馈（responding to feedback），你（you）。——译者注

历克斯觉得可以直接把杰姆的评论全盘托出：“……所以，公司把我看作一个好的管理者和经理——甚至具备教练的能力——但是公司并不认为我是一个鼓励者、一个激励者和一个领导者。”

“那么这让你有何感觉？”迈克尔刨根问底。

“真糟糕，”阿历克斯答道，“他们真的不知道我有多棒，我在激励别人方面很出色，问问我的团队就知道了。”

“我们知道。”不幸的听众睁大了他的双眼，“阿历克斯，我想你不能避而不谈这个问题。你需要全力以赴地处理好它：不只是为了工作，而且也为了你生活的其他方面，你需要攻克激励这个难关。我们在过去就你的管理风格进行过讨论——逻辑性强、控制得当，而且也不乏洞察力和直觉。不过，我认为你应该准备好在激励和鼓舞他人的技巧方面下功夫。可能这里我有点跑题，不过，我想你的家庭也会看到由此带来的益处。

“现在我已经退休，所以我的时间安排灵活多了。我很愿意帮助你。虽然我不确定这些帮助对你在公司里职位的提升是否及时，但是不管怎么说，你的生活总还是要继续，而我确信在你点燃他人热情的能力方面付出的努力真的是很值得的。”

阿历克斯也不清楚这次谈话是否令他开心。他全部所需要的无非是能帮他分忧的谈伴，但现在看来他像是一堂课程的听众。“迈克尔，你想怎样帮助我呢？”他半真半假地问道。

迈克尔问了问阿历克斯到目前为止他关于自己正面临的困

境所总结出的结论是什么。阿历克斯回答道，在整个下午的过程中，他参观了特别项目部，会见了部门的“褪色五员”，了解到目前的特别项目是回顾一下去年的全部客户投诉。这是董事长的偏好，其他人看起来对此都缺乏真正的兴趣——包括特别项目部的五位成员。

他还告诉迈克尔，他一直在试图做出接下来几个月该怎么做的决定。他或者将全力以赴地另谋高就，或者他将在特别项目方面做出一番优异成绩，以此来证明公司的错误。但是，他决定不了该在哪个方面全力投入。

“你所有这些‘非此即彼’的想法都是些什么呀，阿历克斯？你非常清楚地知道激励你那五个‘褪色’的部属所需要花费的功夫可远远不止你如何和他们交流这么简单，但是这些还远远比不上你投入到整个团队中的全部时间和精力。为什么不双管齐下呢——一方面致力于在此项目中表现出众，与此同时通过在公司以外寻找到一份可能的工作来构建一张防护网？如果你这么做了，那么即使你最后还是需要离开，那你也不会觉得自己是一个失败者。”

阿历克斯不太听得进批评意见。不过，显然迈克尔对他真的很有信心。这就使得这些评论容易接受多了，甚至可以说是有点儿令他激动。最后，他问迈克尔，如果他决定选择激励整个团队的话，迈克尔能否教他一些小窍门。

“好吧，阿历克斯。虽然我一会儿就得走了，不过，我还是会把我所拥有的激励技巧以几个要点的形式全部告诉你。我还会给你画一张图，这是15年前别人告诉我的，而且这张图我屡试不爽。”

看到阿历克斯听得很入迷，迈克尔继续说道：“这些要点中绝大多数既和你如何激励自己有关，也和你如何激励他人有关——不过，我相信你能自己把这两者相重合的部分搞清楚。

“要点之一，如果你想激励其他人，那你就必须自己首先真正地被激励。这听起来有点儿像是老生常谈，但太多的经理人和领导者自己获得了激励，却没有把激奋状态给传布出去，或者在并不激奋之时假装已经被激励起来了。人们能够很容易地辨别真伪。如果你在目前的职业角色上无法被激励，那么就改换到确实能够令你激动不已的职业角色上去，这样你的激情将会激励他人。

“要点之二，集中力量在他人工作或者生活中的某一特定领域来激励他人。有些人试图区分‘在整体上感觉更加被激励’和‘被激励去完成一些特定目标’。别在这个暗藏杀机的问题上浪费时间。听我一句话，如果某些人在他们生命中某些特定领域获得激励，那他们很快就会开始觉得整个人生也得到了激励。

“要点之三，要做一个艺术家，而非仅仅做一个教师。激励技巧很大程度上是和如何让别人在一幅成功的景象感召下全身心地投入奋斗有关。你得调动自己的艺术技巧来描绘出一幅关于该人或者整个团队会实现什么样的目标的真正富有吸引力的图画。当然了，每一个艺术家都需要了解他的观众——你给某人描绘的愿景应该和他的个性息息相关。

“要点之四，‘鼓励’——‘使有勇气’[1]。这真是个有趣的词。给他们勇气。为了实现这个目标，给予赞扬总是能起到很大作用。在这个全角度反馈的时代里，职场中人持续不断地被混合状态的信息狂轰滥炸，暗藏的非议几乎总是与貌似积极的评价形影不离。所以，请给予对方纯粹的赞扬——不论何时，只要有必要，你就应该这么做。其他诀窍包括帮助他人意识到自己的进步，以及他们的进步是如何与更广范围内的愿景（他们自己的愿景、团队的愿景，或者整个公司的愿景）吻合得天衣无缝。你还需要帮助他们确保没有因为不健康的自我对话而下意识地减弱自己的激励状态。

“最后，你需要把自己的节奏调整到适合一场马拉松赛跑，而非短距离冲刺。你不太可能一蹴而就地激励他人。在时间、耐心和赞扬等方面，调整好你提供帮助的节奏，以便能持之以恒地完成整个过程。当然了，所有这些窍门都是既可以用于激励他人，也可以运用于激励你自己的。”

在阿历克斯沉思时，迈克尔喝完了酒：“这些作为背景知识

---

[1] “鼓励”的英文单词为 encourage，按照音节分为“en、courage”两部分，en 这个词头的含义是“使成为、变得”，courage 的含义为“勇气”。——译者注

而言确然不无裨益，不过，你如何激励别人来实现某一特定目标呢？”

迈克尔伸手到口袋里取出钢笔，把两只啤酒杯垫翻转以让其空白面朝上：“这里就有必要说说那张图了。关于这张图的细节我们得另外找个时间好好谈谈，现在我先简要为你勾勒一下。这张图叫作VICTORY环。我可以保证，它可是有着百分之百的成功率。”[1]

[1] 啤酒杯垫上的内容见本章后续部分所述。——译者注

激励的 VICTORY 之环

激励你自己或者激励他人的过程都包括一系列步骤。激励是个过程，极少能一举奏效。

这也是一个循环往复的过程：这些组成步骤都需要你在给这个环进行数次翻新的过程中得到不断的改进和强化。

激励过程的五个组成步骤如下所述：

◆**愿景**。激励过程中最关键的步骤也许就是为“成功”描绘一幅富有吸引力的愿景。你不可能在真空中描绘出这幅景象——它需要从某些现实元素中发展出来；或者是缘于你自己所羡慕或者憎恨的某个人物形象；或者经由和他人的交谈而来；或者是通过被激发的“想象力”而形成。另外，愿景极少是“理论化”的，只有在愿景动用了全部的六种感官，而且为简要的行动计划奠定基础的时候，它们才最能够派上用处。

◆**信心**。“信心（confidence）”一词源自拉丁文“以坚定的信念”。坚定持有的愿景会培植信念和信心。

◆**毅然行动**。最终你还是得采取某种针对目标的行动。有时候这需要你“在深水区跳水”。不过，如果你已经把游泳池灌满了水，就是说，你拥有显著的愿景，而且你知道自己会游泳并对此很有信心，那么你将会活下来，说不定还可以胜出。

◆**结果和障碍**。你的努力终将得到回报，此过程中你也许会蒙幸运女神眷顾，也许不会。

◆**应对反馈**。你的总体感知以及随之而来的信心既由实际的结果或者反馈自身决定，也取决于你如何应对这些来自你自己或者他人的反馈。

当然，VICTORY 中的 Y 代表“你”，以那些激励你和你的成功的基础因素为表征。

作为高层次的总结，这就是激励你自己及激励他人这个过程的本质核心所在。

有效激励环

√伴随着令人激奋和充满力量的愿景和刺激，产生的是坚定的信心、加倍的努力、出色的结果和令人振奋的反馈，接着信心就得到了进一步的加强。这样你就被激励了。

× 没有愿景和动力时，努力变得迟延犹豫，结果平平常常，反响令人失望，信心逐渐消失，你会感觉你处在被激励的对立端。

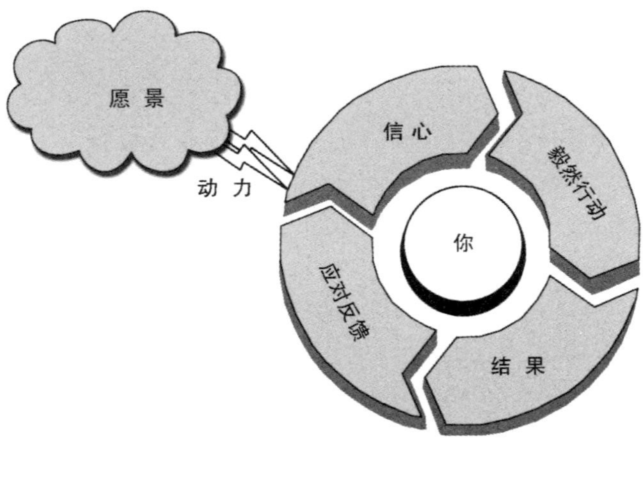

练习

1. 提醒你一下，应该把上述模型记载在你的日志里，或者记事贴上——现在就记。

2. 找个机会在你自己或者其他人身上试试这个模型。

●这个模型是否有助于你理解当前某一挑战让你产生的正面或者负面的感觉？

●上面这个有效激励环的哪个部分你实现起来最迅速？

昂加成为了恶性循环的第一个受害者。

创造一个愿景、自信、毅然行动、
结果以及应对反馈的有效循环。

阿历克斯发现

他构建愿景的能力取决于一定的实践，

而非他的天赋。

第3章 愿景

当阿历克斯向妻子透露他没有被任命为公司董事的坏消息时，因为他既不是新新人类，也不是国际足球选手，所以他没有潸然泪下。那天晚上晚些时候，她帮助阿历克斯认识到了在接下去的几个月里选择“既……又……”道路，而非“非此即彼”策略的好处所在。他将在提高自己激励他人技巧的同时寻找一份新工作。

阿历克斯第二天早上回到工作岗位上时，还没有完全为自己树立一个愿景，但是他感到至少要责成自己完成一个清晰的目标。

三个月之后，就是到圣诞节的时候，他应该完成三件事情。他应该成功地完成特别项目，把“褪色五员”变成一个精英团队，并且在公司之外找到一份激动人心的工作。这些真是富有挑战性的目标。不过，在确定了一些具体的目标之后，他至少感到了一丝振奋。

那天早晨，他盘点估算了一下客户投诉项目。关于数百种产品的数以千计的投诉彬彬有礼、缄默不语地端坐在计算机里。关于问题关键在何处，到目前为止还没有什么概念。再接下来就是那“褪色五员”了：罗勃、比尔、艾玛、杰瑞和凯特。在随后的几个月里他会更好地了解他们，不过，他和他们之中每一个人的最初15分钟谈话无一能让他对他们的技巧或者意志抱有什么信心。

“好吧，”他对自己说，“咱们来把这个项目好好地安排一下。”按照这些情况下的通常作法，他以制订一份详细计划作为开端。这份计划把子计划之间的种种关系全部考虑在内。

“哦，不会吧？我又碰到这种情况了——尽管我有所有的计划，但是我没有宏观图像，也没有愿景。”他把这些计划扒拉到一边，抓过一张白纸，开始为这个项目寻找一个愿景。整整十分钟之内，他把浮现在脑海之中的词语、短句和图像都记了下来：“充分利用客户投诉的有益之处……铸剑为犁……亚瑟王之剑……客户不是敌人而是同盟军……海滩登陆……丘吉尔……”他感到恐慌。以前他从没有干过这个。他忧心忡忡，自己应该老早就发现一种激动人心的强大技巧，而且在过去的25年内自己应该一直在使用这个窍门！当然了，这项技巧是如此疯狂，以至于他绝不会承认使用过它的。不过，他坚持了整整十分钟。

接下来他审视了一下自己的三页涂鸦，并圈出了几个看起来最具有潜力的创意。“炼金术？是的，把普通金属变成黄金，或者，把客户投诉变成价值的源泉。不过，这听起来有些过于神秘了。而且，没有包含足够的行动，也没有足够的关于把客户作为合作伙伴的内容。”最终他选定了“亚瑟王之剑”作为项目的主题——前一天晚上小侄子杰克聆听他讲述亚瑟王的故事时表现出来的激动仍然历历在目。

“那么，接下来我该如何处理这个问题呢？”他困惑的表情渐渐地变成了笑容，“当然了，我们的项目和团队还没有统一的标识。我们需要一个名号——亚瑟王之剑项目。而我们则是亚瑟王团队，将从客户投诉的暗石中拔出比较优势之剑。”

接下来他又花了十分钟摆弄这个比喻。看上去还算管用。不过，实现任务的主要步骤是什么？主题是很有吸引力的，但是，他怎样才能在和整个团队分享愿景的同时把一些行动步骤结合进去呢？他从终点出发：他们应该在圣诞前夜，即三个月之后拔出这把比喻之剑。

现在，应该如何解决那些中间步骤呢？对于计算机中所有那些数据来说，需要用一些神奇的公式来把它们转化为有用的东西。

罗勃懂得计算机编程。对了！——他就是魔法师莫林[1]……十分钟之后阿历克斯已经草拟了一份愿景和一份计划，而且为团队中的所有五个成员都准备了一些可能的角色。

阿历克斯安坐沉思："这看上去和我平常启动一个项目所用的方法也没什么分别嘛。以形象来代替错综复杂的乱麻。不过，这让我很兴奋。希望这主意对整个团队都能起作用。"

他在召集部门会议之前犹豫了一下。也许他应该用他先前头脑风暴时产生的那个足球的比喻，但是亚瑟王之剑和所有与之相关联的丰富形象已经在他头脑中铭刻下了不可磨灭的印记。他停顿了一下，但这只是为了在他的日志中写下一个词——炼金术士。这将是在接下来的三个月里他为自己所树立的愿景。他将把整个团队改造成为一个被激励的团队，而且他将把自己改造成其他人的激励者。

阿历克斯聚齐了小组成员。他在公布他的愿景时所传递的真正的激情和信心让他自己和整个团队都很惊讶。刚开始的时候小组成员们对此不太有把握，但随着阿历克斯用该计划的里程碑和团队成员的角色来充实其讲述，他们被说服了。而且他们甚至还开始贡献出自己的创意，而阿历克斯则试图把这些创意结合起来。

[1] 莫林是《亚瑟王传奇》中的预言家和魔法师的名字。——译者注

会议持续了 45 分钟。从某种意义上来说他们什么目标也没有实现：他们并没有形成详尽的计划，也并没有以军事般的精确度来分工和落实任务。不过，这是相对于陈旧的衡量标准而言。事实上他们收获良多：他们拥有了一个清晰、吸引人而且让人干劲十足的愿景作为前进方向，除此之外，他们还知晓了需要穿越的大河和需要攀登的峻岭，以及每一个团队成员将要担当什么角色。在整个项目的进展过程之中，这些将会令他们获益匪浅。他们甚至还明确了一些前期行动步骤——因此，他们用激情来相互鼓励，并且赋予了该项目一些初始动量。

在接下来的几天里，阿历克斯花时间和罗勃、比尔、艾玛、杰瑞以及凯特共同相处。他和他们一起制订了他们的个人规划，并且偶尔回顾一下整个项目的愿景和针对每一个团队成员所担当角色的愿景。

例如，罗勃曾经非常焦虑。公司从来就没有让他在计算机技术方面好好发挥过自己的水平，因此他觉得自己在公司里好景不长、去日无多。阿历克斯试着进行合乎逻辑的思考：罗勃还不如用接下来的三个月时间培养和完善他在使用数据库方面的才能。他既可以把这些才能贡献给现在服务的公司，也可以用在向其他公司求职上。不过，阿历克斯没做过领导，他用愿景来作为逻辑思维的补充。罗勃的自我想象是魔法师莫林——他要获得可以带到遥远国度去的魔法，而这真正地点燃了他的热情。

构建和分享愿景

VICTORY 环中的第一站就是构建一个关于目的地和旅途中主要景点的愿景，而且还要令人信服和生机洋溢。这是任何一个持续激励过程——不论是对自己或者其他人——的先决条件。当你采取 VICTORY 环中进一步的步骤时，你会周期性地回顾这个愿景。如果没有强烈坚定的愿景，你就有在个人不安全状态的精神迷雾中迷失的危险。

在构建愿景时，请记住：

◆发挥你的想象力——毕竟你是在创造一个形象。

◆在构建和表述你的形象时，动员起你所有的感觉。你有多少种感觉？哦，大家所熟知的感觉有五种，不过还有第六感，接下来还得加上幽默感、平衡感（或眩晕感）、责任感……把它们统统用上。

◆不论如何，试验一下你的愿景是否有效。看看你是否可以利用该愿景或者愿景的某些部分来制订一个非常简要(一页纸)的行动计划，来让你行动起来，这样就能检验出它是否如预期那般有价值。这份计划将会触发愿景和 VICTORY 环其他部分之间的雷击联系。别误陷在计划的泥潭中——把一些重要步骤记下来就可以了。

如果你是在激励其他人，或者一个团队，那么，毫无疑问你需要让大伙共享你的愿景。当你这么做的时候，请记住：

◆用一切可能的方式让你的愿景显得生动形象。仅用词语描绘可能是不够的。在某些情况下，当目标是培养一种特定技能时，演示的方式可能是最有用的途径（这样可以证实目标是可以达到的）。

◆在进一步构建愿景时，让其他人一同参与，这样产生出来的愿景要让人记忆深刻很多。

◆无论如何，请用强有力的方式来表述愿景的最初草稿——即使是仅仅依靠“推许团队为无与伦比”这样的方式，你也可以在建立团队信心方面迈出第一步。

◆最后，别忘了，在你引领自己或者其他人构建VICTORY环的过程中，你要周期性地重申你的愿景。

参照附录3，进一步学习构建愿景的小技巧和建议。

愿 景

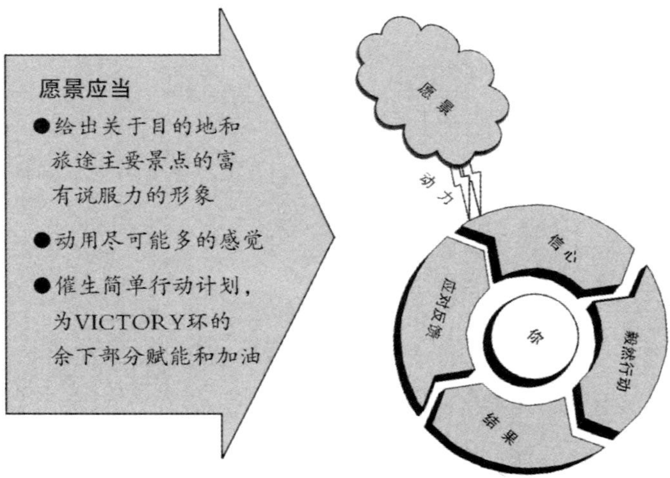
愿景应当
●给出关于目的地和旅途主要景点的富有说服力的形象
●动用尽可能多的感觉
●催生简单行动计划，为VICTORY环的余下部分赋能和加油
愿景
动力
信心
毅然行动
结果
应对反馈
你

不晓得什么缘故，泰德对这种新型的抽象训练无动于衷。

强大的愿景创造自信并催生行动。

在本章中

阿历克斯将和他的创造者会面。

第4章 动力——金钱、权力、性、尊重、嫉妒、骄傲、责任、完美、希望……

现在阿历克斯感到开心一点儿了，他已经开始让他的团队成员们一起参加到一个共同的愿景中来。虽然他知道，如果想让他们真心实意地为这个愿景而努力，那么自己还需要投入更多的时间和精力，不过，他想他也应该在求职方面取得更多进展。

他慢慢地向后斜靠在椅子上，伸直双腿，把双脚搁在桌子边缘惯常的位置上。“什么才能激励我真心实意地开始我的求职之路呢？”他纳闷儿不已，“而且，什么样的工作才是我乐于从事的呢？”他闭目片刻，让思绪飘来飘去，试图想象出一个开心的结局……

突然，门犹犹豫豫地被推开了，出现的是他的老校友乔。他看上去很愉快，穿着合体，衣冠楚楚。作为三个孩子的父亲和一位丈夫，他拥有数家公司，干得可真不赖。短暂交谈后，乔瞧了瞧手表，他该走了——有一个重要的会议需要参加。

“好啊，乔，”阿历克斯嘟囔道，“他天生就是块成功的材料。”嫉妒的潮水淹没了他。

他伸手去拿电话，想问问秘书，为什么她没有让他知道乔会来拜访。但是电话在他拿起来之前就响了。

“先生，我们想请您确认一下您今天晚上的订位。”阿历克斯喜欢“先生”这个称呼，特别是当这声称呼来自本城最高档、同时也是最难订位的餐馆的时候。阿历克斯确认了订位。而且他灵机一动（也许是在他刚才的嫉妒的驱使下），要求预订该餐馆最好的位子。像往常一样，他的要求得到了满足。阿历克斯喜欢权力。

“朱丽娅，请不要再让不速之电打扰我。”他转过头去吩咐毗邻办公室的秘书。

他看见在公司办公大楼停车场上，顶尖销售明星戴夫正钻进他的法拉利，准备和那位魅力极其惊人的女郎一起外出吃午饭。女郎的长腿看起来不太可能塞得进法拉利里。阿历克斯决定他在办公室里不该想着性，这和公司的宗旨与价值观大相径庭，何况阿历克斯还为起草它们出了一把力呢。他的责任感战胜了性欲。

他又一次开始考虑他的求职，他的首位雇主——脂匙咖啡屋的经理——跃入了他的脑海。在这家咖啡屋，阿历克斯度过了他学生时代的好几个暑假。“你真是天生做侍应生的材料，”那位经理曾经说过，“实际上我也没看见你干了多少别的活儿，你看上去就是不够聪明伶俐。”那么些年以前，阿历克斯就已决心证明给他和家乡小镇上所有的人看看，自己能做得多么成功。傲骨可以成为很好的激励因素。

他的思绪飘浮到了刚买的那座城堡。这座城堡有 35 间屋子，还有一条护城河和一座吊桥。他进入城堡，在大厅漫步，接着又爬上了最高的塔楼，并走到外面的城垛上，鸟瞰自己的领地。“我喜欢拥有金钱。”他想。

就在这个时候，他听到了一阵石头相互碰撞的声音，他感到脚下在塌陷，而且看到他现在立足的那部分城垛出现了小裂缝。突然之间他开始下坠，越来越快地向护城河掉下去。过去的岁月在他眼前一闪而过。他诅咒帮他买下这座城堡的金钱。他就要掉在地上了……

阿历克斯的双脚从桌上滑落，“砰”的一声撞在地板上。这让他脚踝麻木、膝盖僵直。这个时候他醒了过来。

这次电话真的响了起来。是朱丽娅。“很抱歉打扰您，但是您夫人想跟您通话……另外，别忘了参加半小时后的项目组会议。”

“嘿，莎拉，一切都还好吗？”

“还好，阿历克斯。我打电话来只是想说我……我……我……”

“什么？什么？”阿历克斯心痒难搔，莎拉有的时候并不表白她对他的爱意。

莎拉打了个喷嚏，然后继续：“我……我找不到我们今晚碰面的那间餐馆的地址了。其他人想要在那儿和我们见面。再告诉我一遍地址好吗？”阿历克斯尽管很失望，但还是告诉了她。

“啊，对了，”莎拉说，“还有一件事，我想，我爱你。”

他们俩都笑了起来。阿历克斯很惊奇地发现他在这一天余下的时间里都很快乐。他想了一下在他梦境里拜访过他的形象和刺激因子，有一些仍然有几分吸引力。

不过，他意识到真正能够激励他前进的是他和妻子对彼此的挚爱，以及他所盼望的他的团队将要给予自己的尊重和敬意。

除此之外，他下定决心要找出来对他团队中的每一个成员而言，什么样的激励因素能产生类似的威力。

动　力

一幅富有吸引力的愿景总是很不错的。但是，如果我们并没有真正地被激励到进入激奋不已的状态，那又怎么办呢？或者，如果其他某个我们想要施以援手的人处于这种状态，那又该如何是好？

首先，你需要更深入地探索自己的内心世界——去寻找一些比成功地完成手中的任务的愿景更令你激奋不已的激励因素。你需要找到进行内心销售工作的基础出发点，来说服你自己开始行动——创造动力，克服惰性和拖沓。

也许对你来说——或者对于你想要激励的那个人来说——“金钱万能”，不过，事情可能并非如此简单。

下面列出了一些潜在的激励因素。有些激励因素可能会显得比另一些要更“健康”一些，不过，每一种激励因素都能以“好的”或者“坏的”方式来使用。请记住，种瓜得瓜，种豆得豆。也请参见“需求层次”。

其次，你也可以用一页简单的计划书来启动你的VICTORY环——这份计划书只要列举一些让你行动起来的步骤就行了。

你现在还不需要完整的计划——以后你会补充你的计划，但至少现在你已经“发动了引擎”。

成功的激励者知晓应该如何创造动力。

动力之源泉

金钱：“如果我这么做了，那我会赚很多很多的钱，一切就都将称心如意。”……

但是，对绝大多数人来说，金钱仅仅只是个“卫生”的因素，即如果他们觉得“回报合理、公平”，而且相当安全、可靠，那么一般性的额外金钱酬劳就并不能达到强劲有力的激励效果。

对于另外一些人来说，金钱是成功的终极衡量标准。

权力：“实现这个目标将会让我控制他人或者我所处的环境。”……

绝大多数人在他们的生命中都会想要拥有某些权力。对于某些人来说，“足够的权力”是指“一般程度的影响力”。

另一些人则希望拥有更多的权力，而且只有在他们完完全全地控制他们的亲友、团队、国家或者世界时才会满足。这样的人通常会认为只有他们才能让事情井井有条：“如果我放弃权力，那么，混乱将会主宰世界。”或者是，他们也许会仅仅视权力为一种“记分”的方式。

性：“实现这个目标将会让我更具有性感魅力。”……

但是我们需要小心提防就如何方能点燃我们另一半的激情做出错误的判断。

嫉妒：“我也想要他已经拥有的。”……

更具有建设性的是：“如果他能做到这一点，我就能干得更好。”

骄傲：“他们说我永远也做不到——我会证明给他们看！”……

接着你确实做到了！

责任：“我必须这么做，因为我是一个称职的丈夫、妻子、儿子、女儿、工人、老板、朋友……”

责任确实“不错”，但也会成为一种“防御机制”（参见第10章）。

成长，成功：“我做到了！（而且，现在我已经准备好了迎接下一个挑战）”……

在激励的王国中，成功的作用是无与伦比的。

希望：没有希望，也就没有激励。

其他激励因素：尊重、同胞间竞争、无私奉献、爱国心、贪婪，等等。

圣徒安妮姐妹认真地将抛弃“虔诚”作为她们的首要动力，
并且支持一些更令人兴奋的事

了解什么才是你的动力。

阿历克斯帮助罗勃

建立了对他的能力和他自己的信心。

第5章
信　心

亚瑟王之剑项目已经开始运作起来了，整个团队急迫需要一份初步的粗略版本客户投诉数据。这活儿是罗勃的职责，而且他需要把这些数据整理成最便于从计算机里的已有信息中获取的归类方式。

尽管其他团队成员也能够分别启动他们在整个项目中所负责的那些部分，但是归根结底每个人都依赖于数据的初步处理，以使自己的努力可以更有针对性。

举例来说，凯特打算访问一些作为公司产品购买者的大公司客户。尽管她可以安排访谈，但是如果没有客户投诉的分类清单，她就无法准备详细的访谈问题。比尔和艾玛也需要类似的指南，以便对涉及公司内部一些相关部门的更为经常发生的一些投诉追查到底。杰瑞也需要相关信息，以便能够评估这些明显的产品和服务问题对公司的财务状况造成的影响。因此，整个团队都很急迫地需要罗勃的工作。但是，上周罗勃的进展看起来慢了点儿。

阿历克斯认为到了该搞搞清楚的时候了。他查阅了罗勃过去的个人记录，并且和在他调到特别项目部之前的管理者进行了交谈。几年之前，罗勃在公司所完成的第一个项目里表现良好。然后他的表现就——缓慢然而确实——在下降。

阿历克斯不太确定应该在“工作时间”里解决罗勃目前进展不力的问题，还是选择一个不那么正式的场合。他选择了一条折中道路，决定中午带罗勃出去吃顿快餐，这样罗勃可能会更容易敞开其心扉。

“那么，罗勃，你对数据的初步处理进展如何？”

“快完了——再给我几天时间就能准备好了。”罗勃给出的还是那句熟悉的回答。

“罗勃，几天之前你就是这么说的。我们现在已经到了这么一个阶段：团队的其他成员需要这些信息，否则他们就只能让轮子空转。”

阿历克斯怀疑罗勃缺乏信心，尽管他外表上看起来兴高采烈。他回顾了一下他的导师迈克尔和他在上周碰面时所给予的建议。

即使拥有关于成功的有力愿景，一个信心不足的人仍然很有可能既不会去专注于，也不会主动去寻求面对持续的挑战。而且，这么一来他就不可能从出色表现所赢得的表扬里获取令人振奋的奖励，VICTORY 环将会断裂——而且这种断裂将是永久性的。

如果你在帮助别人树立信心，首先你就需要构建正确的背景：试着获取他们的信任，而且让他们明白你在意他们的信心和成功。接下来你要像栽种花园那样来培植他的信心：用愿景和你坚定声明的对该人将在其尝试中获得成功的信念来播种信心；用对他们干得出色的那部分活儿的表扬来滋养这种信心，并鼓励该人认识到他们自己的努力，而且表扬他们自己；接下来帮助该人剪除掉他们自己——或者其他人引起的负面“自我对话”之杂草。你既可以应用这些原理来构建自己的信心，也可以用来培植别人的信心。

阿历克斯问罗勃，他上周的工作中哪些部分干得不错，哪些部分遇上了麻烦，需要阿历克斯或者其他人来帮忙。当他开始博得了罗勃的信任后，阿历克斯拓宽了谈话范围，直截了当地问罗勃，他在公司过去的两年时间里究竟过得如何，为什么他的业绩表现明显在下降而不是在提高呢？

事实证明罗勃的确缺乏信心——而且是在他生活中的许多方

面均如此。他的信心在他转入特别项目部门后遭受了进一步的打击。

“罗勃，我希望你能够回顾一下这个项目，把它当作你所完成过的最最出色的工作。我会帮助你，而且我知道你能行——这也是为什么我真的很欣赏你在愿景中所充当的魔法师莫林的角色。你知道你能成为把数字玩弄于股掌之中的天才。现在，让我们实际一点儿，告诉我，你认为在过去几周里哪些地方进展顺利，哪些地方你可能需要我帮一下。”

罗勃想不出到目前为止他有多少活儿干得出色。所以阿历克斯帮助他回顾他目前工作中和过去工作中的一些得意之作。

“我想我确实在这些地方干得还可以。”罗勃勉勉强强地承认了。

“既然你能够完成所有这些任务，罗勃，我确信你能解决目前关于亚瑟王之剑项目的数据问题。事实上我知道你能行，而且你也知道自己能行。我希望在明天下班之前你能把数据交给团队。而且，在你完成这一切之后，我希望你能把这次的成功累加到你的信心构建纪念碑的备料堆中。”

罗勃觉得这场和“老板”的谈话多少有些奇怪，但是他确确实实开始感到更加有信心了。

在接下来几周和罗勃的交往之中，阿历克斯继续集中力量培植罗勃的信心。而且他同时也建议罗勃每隔几天就把那些他完成得特别出色的任务给记录下来。阿历克斯时不时地和罗勃一起回顾这份清单，而且在合适的时机强化这些正面信息的效果。

罗勃的信心的确在增强，同时也伴随着他的主动性的提高，虽然这一切的发生不是在一夜之间完成的。

这一切的确需要阿历克斯在亚瑟王之剑项目的早期阶段投入一些精力，但是，回报是多方面的：阿历克斯发现在项目后期他需要花在罗勃身上的时间就少多了，这样一来，他就能把更多精力放到他自己的求职中去；阿历克斯也提醒了自己注意信心构建的要旨所在，而且偶尔也试着用在自己身上。不知怎地，团队成员们最后变得相互支持而且互相培植信心，并且是以阿历克斯所从来未曾想到过的方式来做这些的。

构建信心

“信心（confidence）”一词源自拉丁文“以坚定的信念”。我们是如何构建对我们自己的信念——对于我们能达到某一特定目标的信念，对于我们能成为某一特定种类的人的信念呢？我们又如何让其他人建立对他们自己的信心呢？

信心是一座需要播种、滋养和除害的花园。

◆**播种**：在这里愿景起着至关重要的作用。哪怕我们仅仅敢于让成功愿景的种子发芽，我们就已经在构建信心方面迈出了第一步。如果我们敢于自诩为或者认为别人很了不起，那么成功之旅就此起程。创造并不时回顾愿景，以此来构建并保持信心。

甚至是你以园丁形象出现的行为（而且你也由此证实了你很在意该人的信心）也会对构建信心帮助不小。

◆**滋养**：没有哪座花园可以在真空中成长。每一座花园都需要种类合适的肥料，充足的日照和水分。毫不奇怪，我们信心的最为常见的营养可能就是作为我们努力结果所接受的（由我们自己或者别人所给出的）正面反馈。请确保你获得（并且给予）足够的正面反馈！请找到确认你自己的成功的方式。

请记住，动员起你的头脑、身体还有精神。保持身体健康，聆听动感活力音乐，并且成功地享受你的消闲嗜好。

◆**除害**：我们信心的花园太容易被纠缠不休的杂草和贪婪吞吃的害虫搞得一片荒芜了。这些信心的炸弹有多种形式，我们在本部分后面还要探讨。了解危害你信心花园的害虫并且去除它们。

信心

要像照料花园一样照料信心。

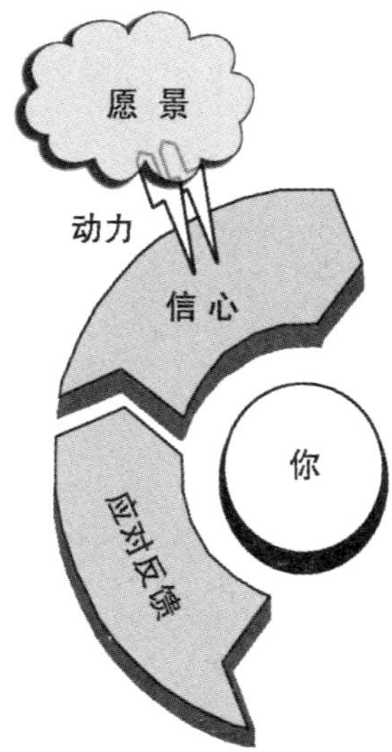

1. **播种**

◆周期性地回顾你的愿景。

◆在需要时加以润饰，以便使愿景的威力更加强大。

◆回忆你过往的成功经历。

2. **滋养**

◆和那些会对你做得出色的事情加以表扬的人交谈。

◆花时间来确认你自己的成功之处。

◆在你完成任务的过程之中，通过反思你生命中其他领域取得的成功来给自己的信心进行交叉授粉。

◆利用体育锻炼、音乐或者其他养分来帮助你自己感觉良好。

3. 除害

把你所知道的能够破坏你信心的害虫和杂草加以分门别类，根除这些害虫和冒名顶替者。（例如，把时间花在那些会贬低你或他人的人身上；自我责难；过于忙碌以至于无暇留点儿时间给自己——而且因此觉得你是别人的傀儡一样。）

练习

成为一名园丁：

◆找到你自己的（或者他人的）给信心播种、滋养以及除害的习惯。

◆在自己身上试试本章论述的这个比喻：什么样的园艺工具你能够或者可能使用？你是否会忙中偷闲领略玫瑰的芳香呢？

只用了一句漂亮的叙述，鲍勃毁了查道科的一天。

许多事情影响着自信——
即便只是简单几句话。

本章中阿历克斯帮助某人“努力追求”。

第6章
毅然行动

“阿历克斯叔叔，你看我的！”阿历克斯六岁大的侄子杰克正摇摇欲坠地坐在游泳池的边上。他的胳膊胡乱转动着，但他一点儿也没有因失去平衡而从高出令人目眩的水面六英寸的游泳池边沿上掉下来的意思。

“你很聪明，”阿历克斯挖苦道，“但是，现在难道不是到了你学习跳水的时间了吗？”

“我这样就能跳水。”杰克立马回敬道。

“那么来呀，跳给我看看。”

“如果你想要跳水的话，你旁边得有一位老师陪着。他们在学校里是这么说的。”

阿历克斯只见过杰克的女班主任一次，那还是在他代表杰克的父母出席家长会的时候。他从一见面起就非常讨厌她，因此决心现在和杰克共谋把这条错误的规则抛诸脑后。他想在众目睽睽之下表演给杰克看看应当如何跳水。

阿历克斯意识到杰克刚才关于跳水技巧的宣称都是虚张声势，而事实也确实如此。他直截了当地开始了传授。他采用了半蹲姿势——双臂伸展向前——这是叔叔们在这种情况下天生就准备好了采取的姿势。几分钟之后，杰克终于毅然对游泳池另外一端的某样东西产生了兴趣，阿历克斯的双腿开始酸了，他决定换用不同的方式。

不知怎地，简洁的VICTORY模型跳到了他的脑海中。“这个模型是否适用于游泳池？愿景、信心、毅然行动……让我们以某种愿景和某种信心为开端，然后把它们重复几次。”他想。

阿历克斯知道杰克也有家族其他成员那种喜欢违规行为的特征——至少是轻微的违规。“让我们来做一些老师们说不能做的事情。”他大胆地建议道。这几乎很难算得上是一个富有吸引力的愿景（也许马马虎虎算是吧），不过它确实吸引了杰克的注意力。

阿历克斯哄杰克做一些准备工作：“来，让我们看看你跳进水里能激起多大的水花来……哇……那些孩子们弄出来的水花可真大。我打赌你弄不出更大的水花来……”看起来杰克的信心在增强，尽管他还没真正在提高他跳水的技巧。

“好吧，杰克，现在我们来跳水。”这个向主要目标的转移进行得并不如阿历克斯预期的那般巧妙。杰克没理会他，跑过去拿他那把绿色和粉色相间的超级 exocet 荧光水枪。

阿历克斯想到，自己可能遇到了一个额外的会使好戏演不下去的障碍——那就是杰克不愿意把他的脑袋弄湿。不管怎么说，阿历克斯得想方设法帮助杰克克服这个特定的情绪。现在到了该真正行动的时候了。

“杰克，你最喜欢的动物是什么？”

“狮子辛巴，《狮子王》里的——那你最喜欢的呢？”

“超人。”阿历克斯回答道。

“超人不是动物，他是人。我喜欢辛巴，因为它会咆哮，还能从高高的悬崖上跳下来。”

杰克的回答让阿历克斯看见了希望的曙光。他们四肢着地，变成了狮子，越来越大声地咆哮，越来越狂野地相互攻击。突然之间，阿历克斯咆哮一声，猛地跳进了游泳池中。

同样是突然之间，杰克一下子一点儿也不喜欢这个游戏了。儿童的洞察力让他断定这里面有什么东西很可疑。

阿历克斯又多花了 15 分钟，但他最终让杰克确信他就是辛巴。他能咆哮，他能跳跃，而且，他能……跳水。这回管用了。杰克跳进了游泳池中。在接下来的 5 分钟里，杰克以只在儿童身上才有的镇定，发挥他刚刚发现的诀窍，仿佛他一直以来就具备这种技巧似的。每当他想要跳水的时候，他就变成了辛巴并开始咆哮。他拥有了愿景、拥有了信心，而且他有了行动的引爆雷管——咆哮。

但是麻烦马上就来了："阿历克斯叔叔，你有没有从那边那个高台上跳过水？"

阿历克斯转过头去，恐惧地瞥了一眼 30 米高的跳板。"我跳过很多次了。"他撒了谎。

"那么来吧，你跳给我看看。"

"现在不行，咱们该走了。"

"就一次？"杰克恳求道。

"来吧，就一次。"一个不怀好意的声音从几码之外的地方传了过来。阿历克斯转身过去，看见了马克。他是阿历克斯的妹夫，一个实力强劲的游泳运动员。

"对呀，阿历克斯叔叔，就像你说的，当一回超人吧——你只要大喊'Kryptonite'，那么一切就没问题了。"他们的不速之客抬高了眉毛。

阿历克斯大步走向通往跳台的梯子，他的步伐表现出信心十足，虽然心里未必如此。他偷偷检查了一下梯子是否和混凝土结构连接稳固，然后向上爬去。接着他到了跳台边缘。现在只有两样东西能让他免于在众目睽睽之下尴尬地原样爬下来：一个就是那个并不存在的电影角色所构成的愿景；另一个就是那句他早就精心准备好了在面临危机的时候用的话："至少得拿出一点儿冒险精神来吧。"

在他长达 30 米的坠落过程中，他感谢上帝让他拥有精彩的生命，并且诅咒孩子们学习的速度。

此后，当他在更衣室中擦干自己的时候，阿历克斯想到，当面临足够吓人的挑战时，甚至成年人也会退缩到——至少部分地退缩到孩童的状态。在这些状态下，他想，毅然行动的引爆雷管可能会来自最最不可能的来源——来自关于自我的幻想形象，来自预先准备好的只言片语，甚至来自不速之客。

毅然行动

“这个时刻终于来到了。我们抓住了这个机会。我们精力充沛地付诸行动。我们的决心不允许任何动摇。我们摒弃那些持否定意见者。我们征服难以逾越的障碍。在失败时我们投入不可阻挡的力量。我们成功了。犒劳我们自己。”

或者是：“我们战栗颤抖。盲无目的地乱转。一定程度的尝试。我们三心二意地前进了一点儿。”

为什么我们最终经历的是这些道路中的某一条而不是另外一条呢？为什么我们在日暮西山时幻想着过去的成功蓝图，而在清晨到来之时却变成了犹豫不决呢？（或者是相反的过程）为什么我们会在最后的紧要关头急踩刹车？

本部分全文都致力于从几个角度来帮助你察觉并解决这些问题。不过，到目前为止，你需要记在脑海里的有三点：

准备好放手一搏： 不论你想要秘密进行的冒险尝试是什么，如果你能做到下面几点的话，那么你成功的机会将会自动增大。

* 为你自己培植一个富有吸引力的愿景；

* 唤起并汇集其他人的有效支持和帮助；

* 明智地选择你行动的时机。

放手一搏： 当你一无所获的时候，你必须聆听到一个不走样的声音。下面给出了若干妙语，你可以选择一个或几个加以精心准备，以便在需要的时候自动浮现在脑海中。

冒险之后： 想想看，这场冒险是否真的像你预期的那般可怕，也许你会逐渐成长。好好享受伴随着勇往直前进取精神的肾上腺素吧。

犹豫不决会破坏VICTORY环。不惜一切代价也要避免这种情况发生。

战胜犹豫不决

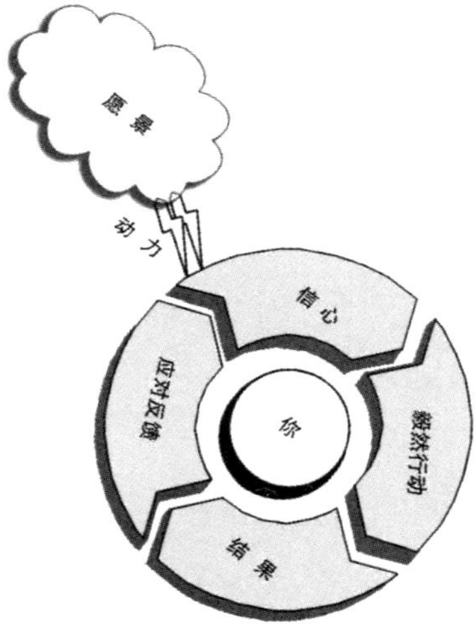

战胜犹豫不决，至少得拿出一点儿冒险精神来吧。

——阿历克斯

我失败的越多，就越是幸运！

——佚名

学习更好地失败。

——塞缪尔·贝克特

睿智的判断源自经验，而经验源自蹩脚的判断。

——瓦尔特·瑞斯顿（花旗集团前主席）

头脑是它自己的家，在其中可以将地狱变为天堂，或将天堂变为地狱。

——弥尔顿

疾驰的箭、流逝的光阴和错过的机会——这些事情永远不会回头。

——佚名

来，斟满杯，春晖中抛开冬日烦忧之外套，因为距离时光之鸟儿的飞翔仅有短暂的距离——是飞，鸟儿已展翼！

——莪默·伽亚谟

麦克白：如果我们失败了呢？

麦克白夫人：我们！失败！把你勇气的螺丝钉拧到不能再拧，我们就不会失败。

——莎士比亚

练习

找到你自己的针对犹豫不决的解药：

◆精心准备好典型形象或者妙语，以便在现实生活中自动起作用。

由于内德贝尔斯基犹豫不决，
尼尔·阿姆斯特朗成为了登上月球的第一人。

抓住时机，别优柔寡断。

阿历克斯努力地合理考虑、

全面衡量事态进展。

第 7 章
观察结果，视障碍为机遇

当阿历克斯第二天到达办公室的时候，他已把在游泳池的成功经历给忘得一干二净了。夜间的雷击及其导致的电流骤变冲击把保存在团队硬盘上的数据搞得一团糟，数以千计的客户投诉里含有的全部信息都被清除了。

整个团队都忧心忡忡，阿历克斯也一样。事实上他们的忧虑更多的是由于他们对此产生的后果毫无把握而引起的，而不是因为他们明白无误地知道整个项目将完全失败。但是，忧虑是实实在在的。

阿历克斯觉得他们需要获得一些咨询。于是他设法在电话里找到了迈克尔，“……那么你究竟是如何在灾难发生的时候让你的人保持激昂斗志的？”他问道。

“拿破仑通过用灾难来激励别人，创造了他的整个事业。”迈克尔开玩笑道。他的轻松愉快令人恼火。但是他接下去的话就有帮助多了：“好吧，阿历克斯，告诉你一些关于障碍的看法。除此之外，因为这些看法和领导者以及激励者的角色有关，所以从更广泛的意义上说来，它们也是关于‘结果’的观点。

“首先，你确实真的需要认识到任何障碍都能被克服。不过，除此之外，你还需要相信，你所用来解决障碍的创造力会令你萌生创意，而这些创意确确实实会让你的项目比未遇到障碍之前进展得更好。这点屡试不爽。

“你肯定会仔细考虑那些你首先就会想到的备选方案。但是，出于某些原因，别忘了那些你未曾考虑到的选择。从这个意义上说，摆明了是障碍但实际上似祸实福——只要你能够揭开这个佯祸的假面具。举例来说，在你解决计算机中损失的数据这个问题的过程之中，你应该致力于找到那些能让你和你的团队就该项目整体上取得更佳效果的创意。你越是真心实意地相信这一点，所涌现的创意就越是出色。把每一个出现的障碍都看作神的信使吧。你可以选择枪决这信使，或者获取他带来的秘密消息。

“这种有意为之的‘无心插柳柳成荫’的思维方法对于一个

领导者的自我激励很重要，对于整个团队随之获得的信心和激励也很重要。

“其次，请确保你是在从一个有利的视角来观察显眼的障碍。回溯你为整个项目、为任务、为各个团队成员（包括你自己）所设立的整体愿景。横亘在你面前的真是崇山峻岭吗？或者它只是鼹鼠挖洞时刨出的泥土所形成的小土堆？或者它可能只是个山麓小丘？合理衡量，全面考虑，这会帮助你保持均衡，并因此而更能产生富有创造力的解决办法。

“再次，应该认识到最佳计划是那些灵活的计划。请不要为自己制订了一个缺乏完美预见性的计划而苛责自己。恰恰相反，你应该额手相庆，因为你可以通过对该计划进行再加工而得以‘无心插柳柳成荫’。

“顺便说一句，阿历克斯，上个月我们一起讨论愿景和计划的时候我应该已经阐明了一点，这就是，我注意到有些人制订计划的方式导致这些计划的结构根本就让人很难对之进行修改。而有些人在制订计划时却有意让它们的内在结构灵活得多。你或许可以利用这次机会来好好检查一下你对整个项目的规划——这个计划是不是既确定又不乏灵活性？

“最后一点要说的是……我已经分析过了结果是障碍的情形。不幸的是，我们通常给予成功的注意并不如我们给予障碍那么多。这一点可能在目前与你没有太多相干，不过，请确保你或者你的团队能够留意到你们在项目进展过程中所取得的积极成果。然后请庆祝这些成功！成功带来进一步的成功，真正的领导者都是杰出的助产士！”

阿历克斯记录完了迈克尔的建议，表示了感谢。然后就开始咬着铅笔杆进行思考。他下一步该如何做？

长话短说，阿历克斯在迈克尔的建议指点下和整个团队，特别是和罗勃（现在已经不复存在的数据原来也是由他负责的）一起努力。

事态的确和它们起初看起来一样糟糕——数据都转换成了随机的一串串“1”和“0”。不过，他们用了一点儿创造力就找到了解决问题的办法。因为罗勃曾经在上周工作的不同阶段把数据打印出来过，这些数据确实还存在——不过只存在于纸上。既然罗勃假想自己是魔法师莫林，通过把打印数据用光学扫描仪加工一下，他就奇迹般地重新生成了这些数据文件。充分发挥扫描仪的功能的确费去了一些功夫，但这是值得的。团队终于找回了失去的数据。

阿历克斯给了团队另一个挑战，从而让整个团队永远记住：挫折实际上会产生机遇。那就是，他们怎样利用这份经验来改善项目的整体效果呢？

最终他们琢磨出了几个主意。他们想要确保将来的客户意见可以很容易获得并被记录下来。

为什么不用扫描的办法来把这些数据直接输入到电脑里边去呢？不过，扫描系统尽管能够阅读铅印文字，但大多数还是不能够“阅读”客户的手迹。那么，为什么不把扫描仪的创意引申一下呢？——在互联网上建立一个网站，客户们可以把他们的意见直接录入网站？小组成员们又琢磨出了几个点子，并记录下来以供将来参考。

他们也重新考察了整个项目计划，对它进行了重新调整，以便使某一领域将来可能发生的“灾难”对其他领域的冲击和影响可以降低到最小程度。

结果和障碍

VICTORY 环的第四步是观察我们的进取活动或“放手一搏”所产生的结果，以及克服障碍。在这里，让我们把注意力集中在结果和障碍自身，而非我们用以解决关于它们的反馈的方式。

当和激励联系到一起的时候，关于结果和障碍有什么重要的注意事项呢？

◆**回溯联系你的愿景。**对于 VICTORY 环中所有的步骤，都要问一声：“这个结果或者事件是怎样和长期的愿景相联系的？”

◆**制订计划和回复计划。**在给关于要实现什么目标的愿景充实血肉时，你会描绘出怎样取得进展的图像，就是通往成功的路径。你也应该已经把这条通往成功之路的图画转化为了行动计划。为了从你获得的结果（不论这些结果是多么成功）中得到最大限度的激励价值，请确保你清楚它们在何处和你的全局计划相吻合。

◆**把计划修改成简单的拼图，而不是复杂的卢比克立方（Rubik's Cubes）。**如果你的计划秩序十分井然（“做 B 之前先做 A，做 C 之前先做 B”，就像玩卢比克立方一样），那么，你就没有给你自己太多的灵活性。但是，如果你的计划更像一个拼图游戏，那么你的进展就会快得多。你具备了更大的灵活性，你可以致力于在当时最为合适的那部分工作。

◆**培养“无心插柳柳成荫”的本事。**“无心插柳”是将偶然事件点铁成金的艺术。根据定义，偶然事件不会出现在任何人的计划之中，但是你可以计划好给来访的不速之客准备一张床，这就是运气。

◆**从小处着手，不要好高骛远。**不同文化背景和不同年龄段的人对下面这句箴言有很多种不同的版本：“千里之行，始于足下。”

请学会把积极的结果看作迈向你的目标的步伐。最为有效的激励因子之一就是进展本身。而且，请将每一次挫折都视为一个能为更加广阔的使命创造出更好结果的机遇。

格莱姆教授原以为创造了完美的障碍物，
但是现在他发现自己无助地处在它的残酷掌握中。

在帮助别人发展他们的技能时，
尝试提问，而不只是告知。

阿历克斯帮助凯特的信心

免遭逐步的蚕食破坏。

第 8 章
应对反馈

亚瑟王之剑项目现在开始进入第二个月了，一切进展顺利。整个小组已经明确了客户投诉问题的主要类型。凯特已经开始了和重要客户的逐轮会谈，以便于找到解决这些问题的办法。

凯特看上去是担当此重任的理想组员。她外向、乐观，而且具有一种专注于手边事情的天生的激情。

但在访谈开展一周以后，凯特来见阿历克斯。她的开场白是："我想我再也干不下去了。"

"这些访谈困难重重，给我非常大的压力。我觉得自己惹下的麻烦比解决的问题都要多。”阿历克斯很惊讶，让凯特详细说说访谈的事儿。

“每次结束访谈的时候，我总是感觉真的好沮丧。我知道应该通过这些访谈来解决客户的问题。但是与此相反，最后我总是呆呆坐在那儿，无言以对客户不绝的悲叹。他们对待我应该更加尊重一些，但是最后他们只是说该走了，然后就结束会谈。而且在访谈的过程中我总是忘记询问正确的问题，尽管我已经提前把它们记了下来……”

阿历克斯觉得自己已经清楚到底发生了些什么。不过，他还是让凯特接着说，与此同时，他记录下了一些要点。他知道在访谈方面凯特确实干得很不错，他早就看过凯特在会谈后做的记录。他甚至还接到过一位客户打来的致谢电话。这位客户感谢公司为安排这么一场专人拜访所做出的努力（尽管他忘记把这个电话的事情告诉凯特了，而且为此他恨不得给自己一脚）。

凯特又继续滔滔不绝了5分钟，于是，阿历克斯终于还是打断了她：“凯特，首先，我想让你知道你在访谈方面干得很不错。”他解释道，她的会谈记录很有价值，而且他还提到了他从客户处接到的那通致谢电话。他知道凯特可能会认为他只是在试图安慰她而已。所以他用直观的方式把他所获得的反馈的积极一面证实给凯特看，而且他还十分明确地告诉凯特，他希望她继续进行这种访谈——既然她干得这么出色。

接下去阿历克斯低头看着他刚刚匆匆记下一些要点的一小片纸。

“关于你的访谈，只有一个问题，凯特。这个问题与访谈本身无关。问题出在你评价自己进行访谈的能力的方式上。在听取和评估来自你自己和他人的反馈时，你所选择的方式在逐渐蚕食和破坏你的自信，而不是帮助提高它。最终这变成了自相矛盾：你干得极棒，但你让自己确信自己干得很差劲。问题是，如果你不纠正它的话，这种自相矛盾最终会导致悲剧。”

为了解释自己的话，阿历克斯画出了 VICTORY 环的草图：我们的自信心(以及由此而产生的进行进一步建设性行动的可能性)更多地取决于我们是如何诠释对我们所付出努力的反馈，而不是取决于这些结果本身，甚至也不是反馈本身。

“但是你是怎样改变你诠释反馈的方式的？”凯特问道。

“哦，首先，你需要确保你从‘外界环境’中真正地获得了足够的反馈或者信息。这听起来好像理所应当，但奇怪的是我们通常做不到这点。以你的客户访谈为例，你所应对的唯一一件事就是你的‘自我对话’，就是你告诉自己的那些东西。如果你忧心忡忡，你本可以问问我认为这些访谈进展得有多么出色。这样也许就可以提醒我把客户打来的那通致谢电话告诉你。”

“好吧，阿历克斯。不过，假设我正在接受反馈——那么我怎样改变我应对反馈的方式呢？我想这才是你的主要建议吧。”

阿历克斯继续说道："你必须调整你的自我对话（如果有必要的话，你最好把你持续不断用在自己身上的那些词儿再给写下来），而且你还需要审视一下你的信念——就是你关于世界是怎样或者应该是怎样的模型。

"让我给你举几个例子。当你开始描述你所面临的问题时，你用了 12 次'应当'、6 次'必须'和 4 次'总是'。

"当你说，'我总是忘记询问正确的问题'，你很有可能并不正确。我相信，你大多数时候都询问了正确的问题。如果你告诉自己你总是没干好某件事，这种概括结论最终会毁掉你的自信心。所以，请尝试着和自己进行更为积极的（而且可能也是更为正确的）自我对话。"

接下去，阿历克斯继续给凯特展示我们大家都有对于世界是如何运转的固有信念。这些信念可以是理性的，而且导致"健康"的情绪和富有建设性的行动。但是，信念也可以是非理性的（通常建立在过多的"应该"、"应当"、"必须"和"总是"上面）。非理性的信念势必会导致不健康的情绪，诸如焦虑和沮丧。而这些不健康的情绪接着又会导致低效率或者破坏性的行为，比如说贬抑他人、妄自菲薄和止步不前。阿历克斯试图通过画一张简图来让自己的观点更加清楚一点儿。[1]

[1] 阿历克斯画的这张图画复制在后面。

“凯特，根据我所了解的看来，我觉得你有一点点完美主义。很显然，我们希望你做的工作尽可能的好，但是，如果你相信每一场访谈都必须是绝对完美无缺的话，那么，我很担心你会变得对你自己是如此的失望，以至于你会丧失你的自信，无法专心致志，接下去就开始把事情搞砸。

“无论怎样，好好想一想。另外，如果你想让我和你一起参加下一次的访谈，就告诉我好了。”

凯特意识到自己不可奢望通过访谈就解决很多客户的问题，并且为自己设立了更加具有可实现性的目标，那就是，尽可能全面地理解客户的投诉。下一场访谈进展良好，她不需要接受阿历克斯陪伴她的提议。但是她忘记祝贺她自己了（不过，她在以后类似的机会中记住这么做了）。

应对反馈

应对反馈就是我们用以结束激励的VICTORY环并且给我们自信心的补给添水加油的过程。

反馈是我们学习、发展和激励的主要来源。它使得我们在掌舵自我之舟时不至于迷失方向。但是令人奇怪的是，许多人打击、逃避、错误诠释并且忽略反馈——不论是故意为之，还是用更为隐蔽的伎俩。但是，现在让我们假设我们自己、其他人或者环境给我们提供了关于我们正在做（或者是已经完成了的）的某些事情的信息（反馈）。下面我们就来集中讨论一下如何诠释和应对该反馈。

◆**拓展胃口，既能食甜，也可尝苦。**成功者用积极反馈的甜美来直接增进自己的信心和激励自己。但是他们也学会了享受因他们不那么成功的努力所导致的苦涩反馈之果，以便提高自己的能力和技巧。

◆**改写你的自我对话。**“我为什么就这么笨呢？”这可不是成功者对自己说的话。“是什么样的原因让我做出那个决定？下周我怎样才能以不同的方式来做事？”这些还差不多。这是一个很大而且颇为微妙的话题，有关要点简要总结在下面的论述中。

◆**重新聚焦你的信念。**我们的信念是我们用来观察世界的镜头。好好审视以保证它们不会扭曲我们的视野（参见下面的论述）。

◆**表扬你自己。**上一次你因为自己取得的某些成绩而犒劳自己（或者仅仅是确认一下成绩，甚至仅仅是明白无误地注意到这些）是什么时候的事情啦？

自我对话，以及信念

自我对话——在我们千锤百炼，试图锻造更为健康的自我对话过程之中，我们需要避开下面三个陷阱。

陷阱	描述	例子
1. 概括总结	含糊地告诉自己：你有一种天生的负面习性	“我总是什么也记不住。”
2. 非理性	做出事实所并不一定支持的结论	“老板没有恭喜我的论文，所以我一定遗漏了什么东西。”
3. 错位	用关于你生活某一区域的负面感觉来影响其他区域	“我的写作能力不佳，所以我不能成为一名出色的公众演说家。”

信念：信念是我们用以观察世界的镜头。“理性”的信念激发健康的情绪和建设性的行为。“非理性”的信念导致破坏性的行为。下面的这些理论来自爱丽斯（Ellis）的理性情绪行为疗法。

<table>
<tr><th rowspan="3">情况发生了，看上去可能不利</th><th></th><th>信念</th><th>情绪</th><th>行为</th></tr>
<tr><td>√</td><td>宁愿……
希望……
最好是……
和／也……</td><td>难过
失望
挫败感</td><td>行动起来
以改进接受
学习</td></tr>
<tr><td>叉</td><td>应当……
必须……
总是……
非此即彼……</td><td>焦虑
沮丧
狂怒
自怜</td><td>抱怨
止步不前
压抑
（自我）贬抑</td></tr>
</table>

举例：“我必须总是得到尊重，如果有人瞧不起我，那么这太可怕、太恐怖了，我将不得不逃避（或者整垮他们）。”

练习

利用附录 4 来测试一下你的自我对话和你的信念。

鲍勃想知道他的“裤子保护你不受反馈”
策略能否持续下去。

清醒点！看，听，学习并且诠释。
取消消极的自我对话。

本章中阿历克斯想到自己

才是决定自己能否被激励的核心。

第 9 章
你

在他第二天早晨驱车去上班时，阿历克斯觉得他现在正在以相当大的冲量来推动亚瑟王之剑项目。凯特在客户访谈方面取得了更为出色的进展；罗勃已经开始分析数据了；而其他组员和负责生产以及产品研发的公司部门之间的积极探讨也在进行之中。

阿历克斯到了办公桌旁。当他轻轻打开公文箱的时候，两个啤酒杯垫滚了出来。它们记录了几个月前迈克尔写下的智慧之环。阿历克斯凝视着迈克尔所画的 VICTORY 模型，不知为何，竟开始奇怪起来，自己看起来怎么几乎已经像第二本能一般使用着关于激励的那套思维方式了。

只有一件事情还在困扰着他——他记不起来迈克尔关于图画中最后那个“Y”曾经说了多少。他记得“Y”代表“你”，但除此之外迈克尔没有说别的。

也许这也是对的，阿历克斯想到。不管怎么说，毕竟是由我们自己来决定我们想成为什么样的人，而且我们能成为什么样的人在很大程度上取决于我们从自己和他人处获得的激励的程度和方向。

阿历克斯当天的日程表安排的太紧张了，时间不允许他进行这样的哲学思考。不过，尼采的一句妙语自动地从他的记忆中跳了出来：“我们决心如何开心，我们就会真的这么开心。”阿历克斯想，这是否是因为我们决心如何被激励，我们就会真的如此激昂。

阿历克斯查看了一下他的日程，决定先停止就此做进一步的思考，待参加完在晚上举行的心理学讲座之后再说。他很期待这次的讲座能对他的激励理论起到一定的推进作用。

你

在 VICTORY 环的中央屹立着一个“你”。这代表你正在激励的那个人——你自己、一位朋友或者是一位同事。

很显然，这个“你”是由许多事物来定义、表征和创造的。不过，我们在过去几章中所探讨过的 VICTORY 环的诸要素在此扮演了特别关键的角色。从某种意义上来说，我们为自己设定的愿景和我们自信心的水准等都决定了我们是谁。

和这些要素的简单相加相比，它们之间的相互联系的作用也许更重要：我们有许多从来没有办法拨冗来最终实现的愿景，经常会有动力—— 但是它却被抑制、被束之高阁，从而引发焦虑不安。

因此，激励的技巧包括帮助别人意识到、创造出并强化这些步骤之间的联系。帮助别人创造出一个关于他们未来成功的愿景固然很好，但是鼓励他们将此愿景和一些深层次的推动力相结合，这样就会更加有可能催生行动。帮助别人感觉到更自信固然不错，但是支持——或者推动他们去实实在在地冒险放手一搏却更好。

伟大的艺术家绝对不仅仅以精湛的技艺来描绘分立的树木、

河流和个人，他还要有办法把这些要素以某种方式联结在一起，这种方式被称之为“风格”。

同样的，杰出的激励者并不仅仅用一种分立的方式来描述诸如愿景和自信心这样的论题。通过帮助被激励者来以一种和谐的方式将这些要素整合在一起，该激励者也帮助被激励者培植或者强化他们自己的个人风格。

VICTORY 环的核心

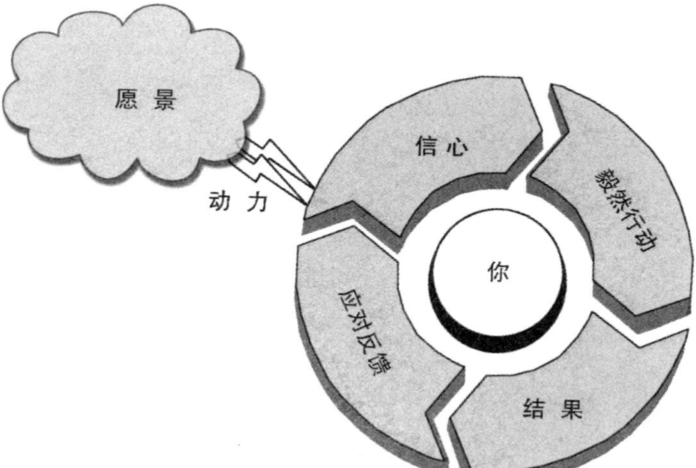

科林犹豫不决，满脑袋思考着生命的意义和自我的本质。

利用发自内心的冲动明确地改造你自己。

百年来关于人类行为
背后动因的思索之精要。

第 10 章
心理学精要

阿历克斯慢吞吞地走进了报告厅。他把进场时间调整得恰到好处，既不是太早，以便他能混迹于报告厅后边他的同事之间，也没有晚到让他不得不坐在前排的程度。

能聆听这场关于心理学精要的讲座，这可真让他很好奇和兴奋。他想，这些心理学知识会和他最近萌生的对激励的兴趣联系到一起。

他是通过公司的人力资源部来报名参加这次讲座的。现在他正翘首以盼，想听听比·开普兰博士——著名的心理学家和公司的顾问能给大家带来些什么。

当开普兰博士讲完了之后，他发现她的讲授是如此的引人入胜，以至于他要带走的讲座纲要的笔记竟然有十页纸之多。

心理学精要入门

比·开普兰博士（文学硕士、医学博士）

心理学是研究人们行为背后动因的学问。对于各种职业来说，经理人员或者领导者对此领域需要最为透彻和深入的理解。经理人员身边永远围绕着大量个性极为不同的人，而且他们相互之间通常并没有选择和对方一起共事。另外，对于这些人来说，经理人员必须用范围格外广泛和种类格外多样的方式来交往，这些方式包括指引、建议、询问、告知、教导、社交、训练、恭贺和激励。

所以，本文旨在帮助你理解心理学精要的最新认识，这样一来，你就可以更加有效地和别人交往并激励别人。这些认识以如下方式编排：首先出场的是绝大多数心理学学派所共同接受和认可的理论体系；其次是特定的心理学流派（如弗洛伊德学派和荣格学派）所分别强调的不同重点对心理学发展的贡献；第三点是关于激励的比较有影响力的理论，主要讨论它们在工作场合的应用。本文以对以下两个论题的更详细的阐述作为结尾：马斯洛的需求层次理论和防御机制。

绝大多数心理学家一致认可的理论

绝大多数流派的心理学家对下面五项基本原则一致认可。

1. 行动比语言更有说服力

我们应对特定情境（刺激）的方式，或者说，我们陷入种种不同环境中时争取主动的方式，就表征和昭示了我们的个性特征。只有在极其稀罕的情况下，我们才能够如此透彻地认识自我，以至于单单用语言就能够向我们自己或者其他人准确描述我们的个性特征。

2. 折中的痛苦

在决定采取何种行动之时，我们往往采取折中方案。我们的目标是，满足自己的欲望，但是我们又不想给自己惹上太大的麻烦。具体如下：

◆我们的此类行动可以分为两种：通常它们或者是创造性行为或者是破坏性行为，每种行为都可能被导向内部（指向我们自己）或者导向外部（指向其他人或者事物）。这些行为或者是“积极的”，或者是“消极的”，通常它们让我们更接近一个人或者事物，或者让我们远离这个人或者事物。（参见图例 1）

◆推动这些行为的强烈欲望源自我们希望使我们自己或者其他人更接近于我们在头脑中为自己或者其他人设定的形象。对于绝大多数人来说，这些欲望来自如下愿望：（1）在生命力上长生不老，永垂不朽；（2）在魅力上无法抗拒；（3）在影响力上无所不能。

这些愿望依靠爱的力量（力比多 [libido]——创造）或者憎恨的力量（莫的多 [mortido]——破坏）来转化为欲望和行动。（参见图例 2）

◆因为要避免给我们自己找麻烦，我们喜欢能够提高安全性、增加愉悦感并且减少焦虑和痛苦的结果。

有些时候，我们有意识地注意这些因素，而在另外一些时候，这些因素是依仗诸如否认、抑制、不当文过饰非等防御机制，通过我们的潜意识来起作用的。

图例 1　我们采取的行为之种类

我们的行为或者是创造性的，或者是破坏性的；或者是朝内指向的，或者是朝外指向的；或者是积极主动的，或者是消极被动的。

	朝内指向	朝外指向
创造性的	学习一种新技巧； 自我表扬 （接受其他人的帮助）	帮助他人；创造事物 （让孩子们自己去摸索）
破坏性的	自我贬抑，妄自菲薄 （得意忘形）	嘲笑奚落他人 （得饶人处且饶人）

括号内为反向行为的例证

图例 2　愿望，欲望和折中之计

在决定如何行动时，我们在欲望之间寻求平衡——以有意识和潜意识的共同贡献为基础。

<table>
<tr><th>愿　望</th><th>欲　望</th><th colspan="2">折　中</th><td rowspan="3">行动</td></tr>
<tr><td>长生不老的生命力
无可抗拒的魅力
无所不能的影响力</td><td>力比多
[libido]
爱
+
莫的多
[mortido]
恨</td><td colspan="2">增加安全和愉悦
减少焦虑和痛苦</td></tr>
<tr><td></td><td></td><td>潜意识：防御机制</td><td>有意识：清楚的分析</td></tr>
</table>

3. 承受压力时的心理倒退

当我们面对的环境存在巨大到一定程度的压力时，我们就会倾向于后退（倒退）回那些在过去帮助我们应对这种情况的行为。在极端的情况下，我们最后就会表现得像儿童一样。在心理倒退之前，不同的人可以承受不同程度（以及不同数量）的压力。

4. 在因循中成长还是在变化中成长

在我们成长的过程中——以及当我们经历新的或者显然很熟悉的情境时——我们会辨认出熟悉的模式，因循我们过去应对这些情况或者做出决定的方法。这些“因循”、自动产生的习惯能让我们节省时间和精力。不过，更为理想的情况是，我们还应该保持开放的头脑，以便能够学会和掌握与我们的周遭环境打交道的新方法。

5. 神圣的三位一体

我们的头脑、身体和灵魂是有机联系着的。心理上的（头脑的）健康是和生理、精神健康紧密结合在一起的。

不同心理学流派的分歧之处

尽管绝大多数心理学流派（甚至包括古希腊的心理学流派）对上面所阐述的原理都一致认同，但是他们还是在许多领域有着不同的侧重点——而且这种分歧经常是根本上的不同。

有些心理学流派强调意识清醒之头脑的重要性，而其他学派则着重于无意识状态。有些学派强调幼年时期经历所产生的难以磨灭的显著影响，而有些学派则认为在我们的一生中，我们的成长是以更为均匀的节奏进行的。差异最为巨大的领域大概是帮助他人进行改变的方法了（不论这些人是相对“正常”，还是需要更为实质性的咨询帮助，或者是心理治疗）。某些学派，比如弗洛伊德学派强调对幼年经历的深入分析，而其他学派则致力于研究成年人“如何表达自我”。

1. **西格蒙德·弗洛伊德**（1856—1939）是近百年心理学历史上最为显著的人物。他最终还是赋予无意识状态以特别的重要性。在他看来，无意识状态是受到抑制或者被遗忘经历的藏身之处，而这些经验却是我们许多方面行为的驱动力。他试图采用他的心理分析方法来深入透彻了解无意识状态，该方法格外倚重自由联系。另外，他还强调（也许强调得有点儿过头）性驱动因素（力比多）的重要性。

他的关于人格结构的模型（包括不同的表现形式）经受住了时间的检验。

◆“本我”（Id）代表所有的本能冲动。“本我”是原始的、由生理决定的本能冲动，按照“唯乐原则”（趋乐避苦）活动。没有得到满足的欲望则催生紧张状态，而这些则最终会需要经由行动或者疯狂来加以释放。“本我”位于头脑的无意识区域。

◆“自我”（Ego）位于头脑的无意识和有意识区域。“自我”按照现实原则活动，能够认识到外部世界的种种限制，而且会把我们满足欲望的行动延迟到一个合适的时机来进行。“自我”扮演的是自我管理者的角色。

◆“超我”（Superego）部分在意识中活动，但大部分在无意识中活动。“超我”代表的是我们的“正确”行为（理想的自我）模式，而且是试图通过呼唤“良知”来阻止我们行动中“不合适”的部分。当“超我”没能够成功地阻止这种行为时，我们就会有“负罪感”——那些有强有力“超我”的人比其他人有更多的负罪感。

弗洛伊德认为人格的这三个组成部分大部分在六岁以前就已经形成了（到这个年龄，我们已经通过了弗洛伊德学说里的口腔、肛门和生殖器阶段）。作为成年人，我们的责任就是认清我们自己的伪装并且对付它们。如果有必要，可以动用健康的“防御机制”（参见下面的讨论）。

2. **卡尔·荣格**（1875—1961）与弗洛伊德的联盟最终还是破裂了。荣格认为弗洛伊德过于强调性驱动力以及对压抑体验侧重得过多。

荣格相信，人格由主观意识、个人无意识和集体无意识这三个相互作用的体系组成。主观意识通过感觉、直觉、情感和思考的混合来感知和体验世界。个人无意识与弗洛伊德学说中的无意识很类似，不过荣格认为个人无意识对我们的影响要更加良性和温和；而且荣格还强调梦境在评估个人无意识时的作用。集体无意识是某种典范（诸如神、英雄、圣母）的载体。这些典范影响着我们的思想和行为。不论我们成长的环境有多么不同，我们大家都拥有一个汇集这些典范形象的相类似的宝库，这些典范形象不知何故根植于我们所有人的心理和头脑中。

荣格关于主观意识的四个组成部分的学说，加上他的关于“内倾”和“外倾”的理论，都反映在目前广泛使用的许多心理学评估工具上——诸如迈尔斯—布里格斯人格类型测试表。[1]

3. 其他心理学派

弗洛伊德和荣格奠定了心理学作为一门科学的基础。他们把心理学从19世纪中期的阶段催眠术的实验中提升了出来，并且把它和人脑生理的科学研究结合在一起。

---

[1] 参见本部分第十一章论述和和附录5。

他们的同时代人和紧随其后的晚辈充实和填补了这门科学的其他角落——安娜•弗洛伊德精练了防御机制理论，简•皮亚杰集中研究了儿童心理学，等等。（参见图例 3）

图例 3 主要心理学流派

（以树状图的根部为发端）

人本主义学派。卡尔•罗杰斯（1902—1987）以及其他心理学家。强调对于个人现存问题的设身处地的、整体为重的治疗。 罗杰斯：以客户为中心的治疗法：T 组 弗雷里克•S•皮尔斯：格式塔（完形）治疗法 艾瑞克•伯恩：调和分析	**认知疗法学派**（20 世纪 50 年代末期）。主张人类作为有意识的生命个体，并不完全受无意识和外在世界所控制。 A.T. 贝克：认知行为治疗法 阿尔伯特•艾利斯：理性情绪治疗法 乔治•凯利：个体建设治疗法
存在主义学派。维克多•弗兰克尔，R.D. 莱恩和其他心理学家。主张病人在怀疑、焦虑和确定无疑的死亡面前寻求意义。	**海因茨•利胡特。**主张人成年以后坚持理想化其父母（并被他们认可）的需要。
亚伯拉罕•马斯洛（1908—1970）。人性本善。激励指向自我实现。	**目的联系学派。**D.W. 温尼科特等。研究重点集中在个体和外界目标（以及其他人）的联系上。

（续表）

爱利克·埃里克森（1902—1994）。主张由幼年时期起整个生命进程中不断发展；在每个阶段都有需要解决的特定问题。	**行为主义学派**。伊万·巴甫洛夫（1849—1936），B.F.斯金纳。主张行为——而不是激励或者无意识——是关键所在；人类对外界的条件反射可以被调谐并且降低反射的灵敏度。
安娜·弗洛伊德（1895—1982），提出了防御机制，主张个体自律，强化本我。	**让·皮亚杰**（1896—1980）。主张对儿童的成长采用科学方法进行观察和研究。
卡尔·荣格（1875—1961）。提出无意识，典范、内倾与外倾；强调梦境。	**阿尔弗雷德·阿德勒**（1870—1937）。主张把个体作为一个整体而非仅仅是部分之和来对待和治疗；强调群体和社会交往的重要性；提出源自幼年时期的自卑情绪。
西格蒙德·弗洛伊德（1856—1939）。现代心理学的奠基者。详情参见正文。	
十八世纪晚期：越来越多的学者认为疯病可以治愈。对催眠术、颅脑构造和大脑解剖学的研究展开。	
古希腊时期——希波克里特（精神上的失衡是由心理原因造成的，而非源自神的影响）。亚里士多德（大脑在凝结心脏产生的热蒸汽方面的作用）。	

心理学方面的随后发展是在西方世界所发生的更广泛的变化的紧密镜像映射。随着20世纪曙光的出现和工业革命的繁荣昌盛，人类的大脑本身也逐渐被越来越多地当作一部可以被调试和调谐的机器来对待：行为主义心理学繁荣于世。部分源自于此，20世纪中期出现了卡尔·罗杰斯和人本主义学派。他们的侧重点在于真正的、对于个人的设身处地的理解。随后90年间，各种心理学流派犹如雨后春笋般涌现，这些学派的区别主要在于他们寻求让个体更“健康”的方法不同。

关于激励的理论

自从亨利·福特提出的新颖的生产线概念（1896）把我们带入了20世纪以来，商业世界是对激励研究最多的地方。随着越来越多的人比以前更加紧密地在一起工作，或者在更大的团队里工作，或者做着更具有可比性的工作，对于怎样激励工作者以便实现商业目标来进行科学研究的时机已经成熟了。

最初，行为主义学派占据统治地位。巴甫洛夫和斯金纳的原则被引入了工作场所。人类的行为趋向于“胡萝卜”（让自己快乐的事物），而远离“大棒”（令自己痛苦的事物）。如果给某一特定任务的完成配备以足够的“胡萝卜”，工作者就应该能被激励以有更佳业绩。

部分是为了纠正这些过于简单的理论，爱德华·托尔曼和其他认知心理学家逐渐成为了历史舞台的主角。他们确信人类基本上是理智的，能够选择自己的目标并且能够有意识地调整自己的行为。托尔曼的研究导致了预期理论在20世纪30年代的诞生。这种理论指出：我们是为对于如果我们做了某些特定事情之后所发生的事情的有意识的预期所激励的。（V.H.弗洛姆在预期理论诞生之后试图把这些激励因素定量化，在 20 世纪 60 年代提出每种激励因素的强度等于结果的“原子价”或者吸引力乘以我们给结果事实上发生的情况所确定的概率。）

弗雷德里克·泰勒结合了行为主义心理学家和认知心理学家的方法，但是他可能更多地倾向于行为主义阵营。他在 1947 年的论文《科学管理的原理》颇受该时期所涌现的大型企业组织的青睐。该论文写道：“选取 15 名技巧格外出色的工人……研究基本操作和工具使用的精确结果……利用秒表来确定完成每一件基本工作的最最迅捷的方法……”

但是，认知心理学家逐渐占据了上风。到 20 世纪 40 年代晚期，道格拉斯·麦格雷戈关于“采用 Y 理论、摒弃 X 理论”的倡导得到了越来越多的追随。（X 理论是指，绝大多数人天性厌恶工作，所以，若想让他们对整个组织的目标有所贡献，就需要对他们进行控制和强迫。绝大多数人希望被人引导，极少人有进取心或者希望承担责任。Y 理论是指，工作、脑力劳动和玩耍一样是自然而然的；人类如果致力于整个组织的目标时，会自我引导和自我控制；这种对于工作的投入是一系列和工作相联系的回报的函数，随着这些变量变化而变动；在这种环境下，个体确确实实是在寻求承担一定的责任；绝大多数人都具备相当的创造潜力，但是这种潜力绝大部分没有被开发和挖掘出来。）

埃尔顿·梅奥在 20 世纪 30 年代对于美国山楂工厂的研究工

作将为人们所牢记：生产效率更多地受到社会压力、团队激励以及某人让他们感到自己很重要的事实的影响，而非仅仅是随着休息时间长短和泰勒的“科学管理法”中其他要素而变动。

在20世纪40年代，亚伯拉罕·马斯洛提出了著名的人类需求层次理论（参见后面的论述）。而在60年代和70年代弗雷德里克·赫兹伯格的理念也问世了。赫兹伯格考察了在某些企业中特别高的雇员周转率，创造了“工作满意度”的概念（该概念是指满足雇员更为高级的成就、认可和“自我实现”的需要）。他还帮助确认了“卫生”的因素（即是指那些在某些基本的层次上必须得到满足的需要）的存在，而对于这些需要，即使给予更高的、更多的相应回报或者犒劳，也不可能创造出更多的努力。赫兹伯格认为薪水在大多数情况下只是一种“卫生”的因素。

在接下来的几十年里，对于个体激励方面的研究更加明确地从组织战略和结构的视角出发来进行。对此做出重要贡献的有阿尔弗雷德·斯隆的分散化理论（由他于1963年在担任世界上最大的公司的首席执行官达23年之久后明确提出），以及汤姆·彼得斯和罗伯特·沃特曼的《追求卓越》。

心理学家们在上个世纪已经建立了许多框架和模型。图例4和5总结了其中两种应用最为广泛的模型。

马斯洛指出我们皆为满足五种基本需要而被激励，详情如下所述。这些需要以一种等级森严的层次结构而相互联系。其中生理需要是最强有力的，如果这些最强有力的需要没有得到满足，那么它们就会对我们的能量和努力施加垄断控制。但是，人类的欲望是永远没有止境的，一旦某种欲望得到满足，那么我们的注意力就会转向下一个更高层次的需求。而且，某种需要永远得不到满足的看法会催生焦虑和不正常的行为。

安娜·弗洛伊德和西格蒙德·弗洛伊德建立了“防御机制”的概念。我们利用这种机制来保护自己免于遭受痛苦的焦虑之煎熬。这种焦虑可能来自外界的威胁，或者是来自我们内心冲动或者信仰之间的相互冲突。长期依赖于这些防御机制被认为是不健康的。你已经受到过警告！

在我们研究如何激励自己和他人的过程中，上面提到过的绝大多数方法对我们来说都不乏可取之处。不论我们发现哪一种理论学说最吸引自己、最具有实际应用的可能性，很显然，这种理论都会随我们自己的心理变化而变动！

人类天性中两项原理说一不二：

自爱催生欲望，理性提供自律。

——亚历山大·波普

图例 4　马斯洛的需求层次理论

自我实现	我们可以做什么，以及我们必须做什么
尊重	来自自己和他人
爱	来自他人，并且给予他人
安全	健康，保护自己不受暴力和灾难伤害
生理需要	食物、水、睡眠、性、纯粹的活动

图例 5　防御机制

防御机制	例　证
否认	“我没有被解雇”（而事实上你被解雇了）
压抑	“和她在一起太美妙了”（而事实上并非如此）
投射	“他憎恨我”（而事实上是你憎恨他）
换位	“你为什么这么难相处？”（而难相处的是第三方）
升华	“我喜欢拉小提琴”（但是罗马正在失火）
退缩	“别伤害我，我只是一个手无缚鸡之力的孩子而已”（成年人如是说）
强词夺理	“我打你是因为你脸颊上有一只苍蝇”（！）
应激反应	“这不是一只老虎，这只是一只可爱的猫而已”（但它确实是老虎）
无私忘我	“我将成为忘我助人者”（所以我能忽视自己的麻烦）
幽默	“那个无情嘲笑我的笑话真是太有意思了”（真的如此吗？）

方吉想成为全世界牧羊犬冠军的雄心
由于对绵羊心理的深深的误解而被挫败了。

了解你自己，还有其他人。

阿历克斯面对多姿多彩的生命长卷。

第 11 章
人格类型

“谢谢你为大家做的心理学简介，”阿历克斯在讲座结束之后走近比·开普兰博士并致谢，“请问你是否有时间回答一个简单的问题？你在提到人们的时候仿佛他们都是一模一样似的。你确实指出过，不同的人可能会以不同的方式来采用多样化的防御机制，但是，真的有这么一种区分不同类型人格的更为清晰的体系吗？”

“我想恐怕不存在什么万灵公式。你为什么问这个问题？”阿历克斯解释道，他近来对激励很有兴趣。而且他想知道，是否通过了解一个人的“类型”，他可以更快地弄清楚怎样去激励他们。

“通过对于人类生活几乎各个方面的分析，古希腊人奠定了这个领域的基础。希波克里特认为不同的人具有不同的他称之为‘体液’的混合配比。某些人‘抑郁质’多一点儿，另一些人‘黏液质’多一些，有些人‘多血质’多些，而另外一些人‘胆汁质’多些。

“这种分类方式在帮助人们区分不同类型的人倾向于如何相互交往，以及如何处世这些方面起不到太大作用。不过，至少这是一个开端。

“荣格，就是我在讲座里提到过的心理学家，取得了真正的首次进展。他的著作提出了现在已经为人们所熟知的术语‘内倾’和‘外倾’，接下来他……”

阿历克斯打断了比的话：“对不起，除了在临床治疗中应用之外，这种内倾或外倾的区别是怎样在日常生活中和在激励时帮助我们呢？”

“我们称之为‘内倾’的人，喜欢在他们生活中的某些领域（并不一定是所有的领域）把他们的能量投向‘内部’。和‘外倾’的人相比较而言，他们更喜欢思想和概念，而非喜欢人和事物；他们更喜欢聚精会神，而不是相互影响；通常他们喜欢思索超过喜欢行动；他们倾向于思考—行动—思考，而不是行动—思考一行动。这些听上去有道理吗？”

“我想是的。”阿历克斯回答道。罗勃和凯特跳到了他的脑海中。罗勃总是摆弄计算机和数学模型，而且看上去宁愿在和别人讨论检验之前自己努力设法找到绝对正确的答案。而在另外一方面，凯特总是积极参加团队的体育活动，而且在解决问题时更喜欢与别人彻底讨论。罗勃总是认为凯特不能够靠自己的力量找到“正确答案”，而凯特呢，则认为罗勃在人际交往方面有困难——但是，也许他们俩的差别仅仅只是在他们所偏好的风格方面，而非在能力方面。

“那么，和激励外倾者相比，上面的差异将如何影响激励内倾者的方式呢？”阿历克斯继续追问下去。

“首先，”比回答道，“区别在于他们情愿自己被激励的方面。我想你能想象得到这两种类型的人所喜欢迎接的挑战是不同的。其次，区别在于潜在的激励因素。对于在把内倾和外倾这两种类型和诸如对金钱的欲望或者对影响力的欲望此类事物联系在一起的研究工作，我不甚了解。再次，不管怎么说，在你帮助这两种不同类型的人进入激励状态所采用的方式方法上存在着明显的差异。”

“真的有明显差异？”阿历克斯问道。

“是的。在我进行讲座的过程中你问到了 VICTORY 环。很显然，你已经对如何激励人有所了解。现在，喜欢以内倾方式处事的人可能会对把VICTORY环首先作为一个概念来理解更为热衷，然后才轮到应用它。而一个外倾者则可能会更愿意在他们自己或者他人身上先试验一下某些简单的窍门，然后再研究整个理论。

“如果你看看人们是如何不同的另外一个例子，那么激励的作用可能会更加清楚。某些人喜欢高度组织化、计划井井有条并且管理严格；而另外一些人则喜欢更加灵活、自由、随心所欲和随波逐流。对于前者来说，你可能会希望为他们准备好一份关于他们将如何激励自己的详尽计划，而对于后一种类型的人来说，如果你采用同样的方式，那么他们的情况很可能会相当迅速地变得一团糟。”

阿历克斯脑海中跳出了两个人。和阿历克斯比起来，他原来的上司是更典型的计划主义者。如果你想和他谈谈收购一家公司的事儿，除非你先准备好一份清清楚楚列出各项议程的备忘录，并且严格遵守各项议程，再和他会谈，否则你根本就别指望能唤起他对此事的热情。而在另一方面，和阿历克斯比起来，他的夫人莎拉则喜欢更为灵活的处事方式，而且她还经常怂恿阿历克斯也别那么死板。对她而言，在假日来临之前花费数月时间——或者只是数周时间——来比较旅游宣传手册，远远不如那种心血来潮在出发前一分钟才做出决定的旅行更容易让她兴奋不已。

比继续说道：“这个人格‘类型’是个很大的话题。把你的名片给我，我会把那些看上去最有用处的理论的简要总结发给你。有些理论在你试图改善团队业绩时更加有用些，而另外一些则对你解决冲突的努力更加有帮助。不管怎么说，我认为你会发现值得记住它们的。”

阿历克斯谢谢比回答他的问题，然后和大伙儿一起去了酒吧。他简直等不及要尝试着区分开内倾者与外倾者，并且区别计划型的人和自由型的人。

定义不同的人格类型

为了激励某人，我们需要和他们进行交往。这就意味着我们需要理解他们——了解他们拥有什么样的人格类型。

对任何事情进行归类都可能会导致简单化（这挺危险），但也可能是富有洞察力并且令你获益良多的。当我们试图进行归类的对象竟如同人类这般复杂时，这点就显得尤其正确。

我们经常会给别人贴上标签："活力十足"、"懒惰"、"鼓舞人心"和"思虑周详"。这些简单的描述极少能够昭示一个人的本质，而且也很难帮助我们与他们进行交往，或者激励他们。

在过去的千百年中，很多种关于"理解"人类个性的不同理论不断涌现。下面给出的是其中比较重要的一些理论。

警告：确定人格类型时需要认真谨慎。这些方法通常衡量的是一个人倾向于以何种方式和别人进行交往。这些描述并不一定等同于这个人实际上与他人进行交往的方式，或者并不一定等同于他们使用或者培养某种特定风格的能力或潜力。

人格的分类

1. 迈尔斯—布里格斯人格类型测试表定义了16种类型的人格。其基础为被测者把他们的能量引向何方（内倾还是外倾），他们所注意的是什么（感觉还是直觉），他们如何决策（思考还是感受）以及他们如何查明外界世界的真相（判断还是感知）。有关进一步的讨论参见附录5。

		思考	感受	感受	思考
		感觉		直觉	
判断	内倾				
感知					
感知	外倾				
判断					

2. 赫尔曼大脑决定因素测试表用很直观形象的方式描绘出了人类使用大脑的四个部分时的倾向性。

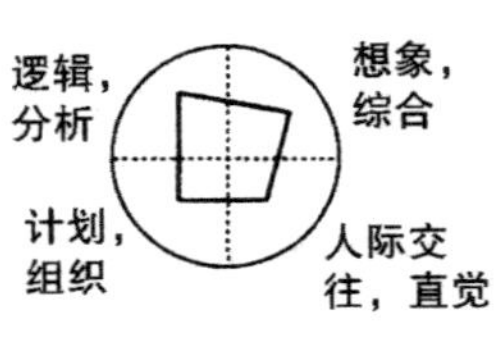

3. 贝尔宾的理论重点探讨了团队中的角色分工，共分为九种基本类型：塑造者、调控评估者、团队工作者、

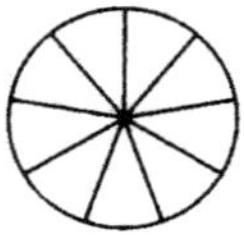

实施者、完成者、专家、安装者、资源调查者、协调者。

4. 希波克里特（约公元前 460—公元前 370）是进行人格类型分析的先驱之一。他的理论以四种“体液”的不同配比为基础。

卡尔和赫尔曼都是优秀的驯狮员，但他们的动力诱因
并不一样。卡尔会因为令人兴奋的人群而快乐，
而赫尔曼主要靠不会被吞噬的根深蒂固的愿景。

每个人都有他自己的混合的动力诱因。

阿历克斯在此认识了

哗变和自我暗中破坏。

第12章
惧怕成功以及无法被激励的其他原因

亚瑟王之剑项目现在已经进行六周了。除了在初期阶段遇到的一些问题之外，这个项目现在进展相当顺利……令人担心的顺利。实际上，它有变成为巨大成功的危险。

整个团队已经发现了最最经常出现的那些客户投诉类型，已经找到了导致产品缺陷的某些生产问题，而且已经开始计算采取修正措施的财务成本和收益。

阿历克斯的求职之路也进展良好。他已经和几个老朋友以及过去的同事进行了交谈，甚至还意外地接到了猎头公司打来的几个电话。有几份工作看起来相当地吸引人，不过，阿历克斯觉得自己恐怕无法胜任有些职位。

电话铃响了，是比打来的电话。“接到你的电话真叫我惊喜交加，”阿历克斯说，“再次感谢你上周做的那场关于心理学的讲座。对我真的很有帮助。”

比问阿历克斯是否可以腾出几分钟时间来谈谈，她就在办公大楼内，刚刚结束了她的一位公司里的客户的个别辅导课程。几分钟之后，她出现在阿历克斯的办公室里。

“我想你可能需要一些帮助。我猜项目应该进行得不怎么顺利。”

“你为什么这么说呢？”阿历克斯惊讶地问。

“哦，刚才我在楼上的临时餐厅里偶然听到了几个人的对话。我想，他们和你一起在进行那个什么——发掘者项目[1]？”

“亚瑟王之剑项目。”阿历克斯纠正她。

“就是这个项目。哦，你的团队成员们午餐时相互之间在讨论这个项目，他们看上去并不是非常起劲。他们给人的印象是并没有取得多大进展。”

阿历克斯解释道，事实上项目进展得很顺利，取得的成绩超出了每个人的预期之外。他惊讶的表情变成了困惑不解。

---

[1] “发掘者”的英文为excavator，而“亚瑟王之剑”的英文为excalibur，开普兰博士因为两者读音相近而混淆了它们。——译者注

比思考了一会儿。“也许他们是处在惧怕成功的状态之中。”她若有所思地大声说道。

“你是说惧怕失败吧？”

比重申她说的是惧怕成功。看到阿历克斯困惑不解的样子，她接下去用简要的解释揭开了他心中的谜团。

“首先，我谈一谈你刚才提到的惧怕失败。在使用这个术语的时候你得相当小心，因为它有两个相当对立的含义。一种含义是：‘我惧怕在生活中做一个失败者，所以我最好推动我自己去做到优秀和出色。’这种恐惧是积极推动和激励性质的（但有的时候也会过头）；另外一种含义是：‘我担心如果我试图去完成这项特定任务的话，我可能会失败。所以我最好先别去冒险尝试。’这种恐惧是阻碍人们去冒险、去进取，它暗中破坏了我们的激奋状态。

“但是惧怕成功与此不同。它表现为，‘如果事情按照目前的局面发展下去，我就有成功的危险了。但是我不清楚成功了之后我是否会很舒心，所以我最好放慢一点儿步伐。这样一来我就不用努力去适应成功了。’”

阿历克斯在座位上扭动着，尽管比的话听起来令人感到难以置信，但是他还是觉得在自己身上找到了一些症候。“不过，为什么人们会对他们生活中的某些领域里的成功感到不舒服，或者是对整个生活的成功感到不舒服呢？”他问道。

“原因数不胜数。”她继续说道，“比如说吧，‘我不配成功。因为某些人或者某些事情已经让我确信我配不上成功’，或者‘如果我成功了，那么从此以后我就只能走下坡路了，而我不喜欢每况愈下的感觉’，或者‘如果我成功了，那么想要维持我的好名声就更加困难了——我会被推进是非的旋涡中心’。我的一位客户甚至下意识地说过，‘我不想成功地改善我和丈夫的关系，因为这么一来，他就失去了继续背叛我的借口——这就会证明他不爱我了。”

阿历克斯明白了这些话的意思。但是这些和他的团队有什么关系呢？比知道过去他们曾有过“褪色五员”的绰号，她认为他们可能在完全摆脱他们过去低调的、轮廓模糊而且令人感到舒适的形象方面遇到了困难。

“但是你怎么解决这种问题呢？”阿历克斯继续问道。

“在我上周做的讲座中你提到了VICTORY模型。‘惧怕成功’的克星就蕴涵在这个模型之中。你已经知道答案了。解决办法就是重新改写我们和自己之间进行的对话。和你的团队成员们谈谈吧，搞清楚他们的感觉是怎样的，你也许需要说服他们成功没什么好惧怕的！试试看‘辞旧迎新’的观点。不管怎么说，再过一个多月，新年就来到了。”

“我必须承认我自己也有一点点恐惧。”阿历克斯说道，“我在找一份新的工作。我手边有一些相当有意思的职位，”他接着说，“但是我对于自己能否胜任愉快却不怎么有把握。”

比不同意地看着他，“惧怕成功，或者仅仅因为缺乏自信？”她开玩笑地问道。

“两者都有一点儿吧？”他大胆承认道。“但是你又如何呢？你是不是曾经有过惧怕成功的经历呢？”他继续问道。

“从来没有过。”比回答道，“……好吧，有时候会。”她笑着坦白了。

惧怕成功和惧怕失败

恐惧是强大的推动力，它可以推动我们做出令人吃惊的业绩来，但是恐惧也可以阻止我们甚至只是尝试攻克其他目标。例如，对于我们可能会“在生活的游戏中失败出局”的恐惧会驱使我们调动起我们的能力和技巧，从而最终胜出。但是，对于我们可能会“因为我们尝试着去改变自己而失败”的恐惧则可能会妨碍我们去尝试接触不熟悉的事物。如果我们想要激励我们自己或者其他人，我们就需要警惕恐惧的阻碍作用的发生。

阻碍性的恐惧品尝起来主要有这么两种滋味：

◆**惧怕失败**：通常我们都熟悉这种滋味。有时候我们会害怕在一大群听众面前公开讲演，我们会害怕由山顶向下速滑，会害怕接受全新的挑战。我们的恐惧在于担心，一旦我们失败了，我们会受到来自自己或者别人的批评或嘲笑。

◆**惧怕成功**：这种滋味就微妙多了，它也更加似非而是。我们经常会意识不到这种恐惧的存在。但是，在内心深处，人们经常会恐惧做得太成功。在像“我现在这个样子就很好”这样的自我对话的证明之下，我们成功地说服自己，我们就是不配成功，或者对我们来说，成功的外套既不合身，穿上去也不舒服。

直面你的恐惧，并且成为它们善意的主人！寻找——或者给予鼓励吧，请再次参考本书的附录 4。

惧怕失败和惧怕成功

惧怕失败

“我最好别尝试，因为如果我失败的话，那么人们将会认为我很愚蠢。”

“如果我失败了，那么，我将会认为我很愚蠢。”

“以前我尝试过，但是没有用。”

惧怕成功

“我不配拥有成功（因为某些事情或者某些人已经证明给我看，我不配拥有成功）。”

“我不愿意成功，因为处在目前的状况下我很开心。”

“我不愿意成功，因为我不会喜欢成功后的新生活方式。”

“我不愿意成功，因为人们都会瞩目于我，而我将被迫成为‘引人注目者’。”

“如果我成功了，那么人们就不会再给我他们的同情。”

“我可能会对成功上瘾，那会要求我付出更多努力，而且要一直这样。”

“这太容易了，里边一定有陷阱。”

“从此将只有下坡的路好走——没有什么东西可以让我们翘首以盼了。”

“你在开玩笑吗？我喜欢这里！”

消除消极的自我对话和妄想。

阿历克斯

“无心插柳柳成荫”

的天赋让他偶有所得。

第13章
摧毁激励

在他回家过周末的路上，阿历克斯只想匆匆逛一下二手书店。他在找一本叫作“建造你自己的花园库房”的书，在他以后尝试着修缮庭院的时候会用得着这本书。

但是书店给阿历克斯提供的诱惑是如此之多，以至于他忍不住开始浏览了起来。（阿历克斯是个铁杆儿浏览迷，举例来说，他竭力避免与互联网有任何接触，因为他知道自己一旦领略到在数字空间探险的魅力之后，就一定会变成“失踪并推定死亡者”。）

他的警惕性在他浏览书架的过程之中慢慢放松了……而且

一本军事类型封面的名为“人格破坏和激励摧毁——蒙得维的亚[1]秘密警察手册”的书让他注视书架的目光为之一亮。

带着好奇心，他快速浏览了书的目录和前面几页。他读得越多，就越是毛骨悚然和惊惧失色。书中描述的方法不仅残酷无情、奇异怪诞，而且它们对于那些曾经在大型组织里待过的人来说是再熟悉不过的了……

当他把书放进拟购物堆中时，他回想起了在过去的岁月中曾经与他一起共事过的几个人：他曾经拥有过的最出色的秘书——她出乎意料地辞职了；那位几年前他试图网罗进他部门的绝佳应聘者——他却莫名其妙地拒绝了这份工作机会；他在商学院的同学们——他们看上去有数月之久打算把他拒于所有的社交活动之门外。这一连串的事情和别人是否觉得他会激励人有任何关联吗？当然不！

他付了书的账，然后起程回家。

[1] 乌拉圭首都。

人格破坏和激励摧毁

蒙得维的亚秘密警察的伎俩

目录

摧毁意志[1]

以不可修复的方式摧毁目标的意志是非常重要的。这可以通过使用下面五个步骤来实现，这五个步骤在后面还要详加阐述。

1. 击碎关于逃脱、释放、食物供给、痛苦减轻等这些方面所有的愿景和希望。

◆令目标迷失方向［例如，出乎意料地改变囚徒的环境（位置、囚室布置、饮食供应时间，等等）］

◆惩罚（例如，对任何逃跑的企图或者个性化其周遭环境的企图做出迅速和严苛的反应）

2. 磨碎自信心。

◆屈辱（例如，强迫做低贱的杂役）

◆惩罚（例如，当囚徒无法完成困难到几乎不能完成的任务时给予打击）

◆压制（例如，按照计划进行所有摧毁自信心的行为，持续不断地增加严酷程度）

---

[1] 本章内容引自《人格破坏和激励摧毁》一书。

3. 去除任何自主行动的机会。

◆（注意：这是个很重要的步骤，因为目标存在通过成功地完成即使是很微不足道的，但却是他自己选择进行的任务而培养起自尊的危险。）

◆参见其他章节

4. 用消极信息进行狂轰滥炸。

◆嘲笑奚落（特别是当着其他人的面儿）

◆撒谎（例如，告诉囚徒他的健康状况正在致命地恶化）

◆剥夺所有的感官刺激（参见“黑屋禁闭”）

5. 系统地破坏目标的自我形象。

◆打击（例如，给目标出示关于他正在恶化的情况的照片或者其他证据）

◆解构［例如，对于囚徒的不同方面（比如生理、情绪、精神等等）出乎意料地使用不同的策略］

◆破坏形象模型（例如，让目标知道与其处于相同处境的他人是如何被摧毁的）

安迪酷爱新技术。

胡萝卜比棍棒更有力量。

阿历克斯惨遭连锁反应之苦。

第 14 章
多米诺效应

一切都是从他不经意间用锤子砸了自己的大拇指开始的。这是星期六的早晨，地点是在花园里，当时阿历克斯正在把那即将完成的小零件给安装到新的库房上。阿历克斯对自己无法得心应手地使用锤子感到很窝火，于是他就瞄准这个新矗立起来的建筑物的门柱使劲一击。门框塌陷了进去，库房的其余部分也很快就随之倒塌了。“我对房屋修缮可真是不怎么在行。”阿历克斯总结道。

他溜进了屋里。“嘿，阿历克斯叔叔！”这是他的侄子——

杰克和大卫。他们出人意料地和他们的父母一起来作客了。事实真相很快就清楚了，他们来拜访的真正目的在于想让阿历克斯帮忙对付大卫的数学作业。

数学作业中要求的证明题让大卫一筹莫展，然后就轮到他父亲目瞪口呆了：“他们竟然给15岁的孩子出这样的题目？”不过，问题总能解决的，因为阿历克斯叔叔对数学可是无所不知。

毋庸讳言，阿历克斯没能成功地把他的数学技巧从记忆中不常使用的那个角落给挖掘出来。“看起来我不再那么精通数学了。”垂头丧气的阿历克斯对失望的大卫感到很抱歉。

事情由不如意开始变得一塌糊涂。晚上阿历克斯和莎拉大吵了一通，争吵是由一些芝麻小事开始的，很危险地近距离绕过了花园库房的话题，最后以阿历克斯是一个不称职的丈夫的结论而告终。

在第二天早上驱车去办公室的路上，他感到后背僵直，这是在客房那张陌生的床上过夜的结果。他总结了一下最近获得的殊荣：不称职的丈夫，糟糕的数学家和最最让他恼火的——差劲的房屋修缮者。他错误地用“坏事不过三”的古训来安慰自己，因而没有注意到逼近的无处可避的骑自行车的人。他即将再次成为公认的蹩脚司机。

逆转多米诺效应

我们中的大多数人都对多米诺效应很熟悉。某种失败的感觉或者对工作的不满意可能会引发家庭生活中的连锁反应，反之亦然。如果把健康、财富和智慧都作为潜在的组成部分包括进来，那么发生多米诺效应的可能性就会以指数形式增长。

不过对于某些人来说，即使他们在自己生命中的某一方面正在遭到创伤，他们看起来依然能保持乐观。这是如何做到的呢？当我们让自己或者他人保持激励状态的时候，关于多米诺效应，下面两件事情是我们可以做的：

◆**让不同种类的多米诺骨牌相互隔开**。用比喻的说法就是，你把不同组别的事情放到互相隔开的盒子里，然后分别处理它们。用这种方法处理的话，这些事情就不太能够相互影响。当然了，在比较长的时期里，不间断地使用这种策略的话也是有危险的。因为有可能你生命中所有不同区域都正在试图向你传递同样的重要信息！因为你“化整为零、各个击破”，所以你最终可能会遏制你自己得到一个重要的信息。

◆**促使多米诺效应反向运行**：如果你生命中的某些区域运

转出色，那么为什么不尝试着把自信心和激励的种子传播到生命中的其他区域呢？很有可能你就是搞明白怎样在你自己身上应用这一战略的最佳人选。

尽管不存在对付多米诺效应的简单方法，你仍然可以仅仅通过剥去其面具，并且充分意识到其存在可以在很大程度上帮助培植你自己和他人的激励动力。

良好的感觉和糟糕的感觉是如何相互影响的

正常多米诺效应：关于生命某一部分（浅色多米诺骨牌）的负面感觉能够在其他部分（深色多米诺骨牌）创造出负面感觉。这种“感染”通常是通过把“自信心”当作一个不可分割的整体来对待，并且在潜意识中用一种消极的方式重塑我们自己来起作用的。

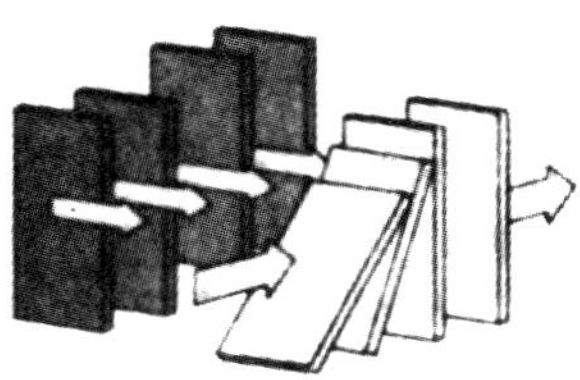

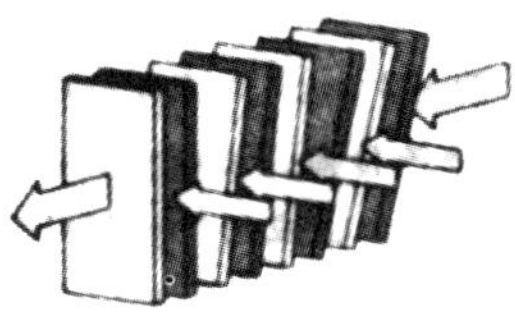

隔离：如果你碰上了麻烦，那就尝试着把不同类型的多米诺骨牌分隔开以避免“感染”，这样你就可以集中全力来分别对付每一种类型的事情。请参考第5章（自信心）和第8章（应对反馈）。

反向多米诺效应：如果事态开始有好转的迹象时，重新组合你的多米诺骨牌，以便获得最大化的收益。

练习

弄明白你是多么倾向于受多米诺效应影响，以及你是否曾努力去隔离你的多米诺骨牌，或者试图去逆转该连锁反应过程。

卡纳莱科军士只想知道为什么

他会在这个宿命般的早晨穿着巨大的小丑鞋子。

不要陷入连锁消极反应中。

阿历克斯对此有一套理论，

但是他无法证实。

第 15 章
婴儿潮那代人遇上 70 年代生人

阿历克斯到达办公室的时候是有些心神不宁，但是还没到魂不守舍的地步。幸运的是，他的公路事故并没有造成严重后果，只是车辆有些损伤，人安然无恙。

这还不算什么，因为阿历克斯需要解决在比尔和艾玛之间愈演愈烈的冲突。在亚瑟王之剑项目的初期阶段他们都取得了相当不错的进展。因为项目组已经发现了导致客户投诉的一些生产方面的问题，比尔和艾玛就对公司里的相关生产部门进行了跟踪调查。他们的目标是查证关于问题出在何处的假定，并且劝说生产经理改正这些问题。

尽管阿历克斯已经努力设法最终消除了团队的“惧怕成功”问题，项目进展仍然变缓慢了。而且距离项目结束只有几周时间了。在比尔负责的厂房里，生产经理们看似对整个项目的整体概念并无异议，但是比尔就是没有办法让他们下定决心同意对他们的生产过程做一些具体改进。

与此不同的是，在艾玛负责的部门里，一些具有极高价值的创意涌现了出来。但是没有人知道是否可能存在更多的机遇，而且那些生产经理们看上去似乎并不理解该项目的整体合理性。

似乎比尔使用的是“由上而下”的方法，即由整体角度出发，然后（过于缓慢地）向改进生产流程的具体办法推进。而看上去艾玛用的是相反的方式，即首先抓住一些非常具体的问题，然后向更为宽广的画面推进（但是进展不够充分）。

不管是什么样的原因导致了比尔和艾玛所用方法的差异，这种不同现在正在引发问题。在他们开始总结他们的战果时，比尔和艾玛对于彼此的不满与日俱增。比尔想按照某种方式来总结战果，而艾玛则赞成另外一种不同的总结方式。比尔想要在总结陈述中置入更多的背景知识和来龙去脉，而艾玛却主张直接导入价值最高的创意。

“也许这种处事方式的不同与他们俩的年龄差异多少有点儿关系吧，”阿历克斯想到，“不管怎么说，艾玛只有 25 岁，而比尔却已45岁了。”

阿历克斯和他们做了交谈。当他依次去见他们时，他们俩办公室布置上的差异给他留下了深刻的印象。艾玛的互联网浏览器向经过的数字空间探险者发出无声的召唤，而比尔磨损了的文件夹摊开放在桌子上。艾玛的时尚招贴画与比尔的家庭照片形成了鲜明的对照。艾玛的书架上赫然陈列着诸如《点击你的成功之路——妇女互联网操作指南》这样的书刊，它们绝对不会与比尔那些翻得破烂肮脏的《顺利退休之路》这样的书籍为伍。

阿历克斯和艾玛谈了15分钟，和比尔也谈了差不多这么长时间。为了在解决他们俩之间的问题上迅速取得进展，阿历克斯大胆进行了假设和简化。“哦，”他想到，“年龄差异可能确实在这里发生的事情上起到了部分作用。比尔在商业环境里有较长时间的历练，这让他明白促使所有合适的参与者——比如那些生产经理们——都理解整个项目的背景是多么有价值，这么一来，他觉得到了实施这些创意的时候就会少些阻碍。另一方面，艾玛洋溢的青春会鼓励她更加大胆，可能会让她去‘孜孜以求’那些比尔会（正确或者错误地）以不合适为理由摒弃的创意和方法。”

“但是，这些问题真的是由于他们现在的年龄所导致的吗？或者，恰恰相反，问题是由他们出生并成长的那些年代所引起的？”

例如，X代（出生在20世纪70年代的那批人）是在一个机遇如此充沛、变化多端和转瞬即逝的时代成长起来的，因此他们不得不“为了生存而点击”。不仅仅是在笔记本电脑上点击，而且是点击几乎每样东西。

婴儿潮那代人（出生于20世纪40年代晚期和20世纪50年代初期）度过了一个完全不同的青春时期。尽管他们可以迎头赶上并学会点击的技巧，但是他们当中可能很少有人会愿意改变自己，来接受一种彻头彻尾的点击思维方式。

“我真希望我能早点想到这些，”阿历克斯对自己说，“这样一来，我当然就会按照不同的方式来安排他们的任务了。”

“我相信艾玛更能为一个更加富于‘点击’的角色所激励，而比尔则应该更易为一个能让他更直接地发挥他经验的角色所激励。”

“不过，现在的安排也许仍不失为一个好办法。没准儿艾玛能向比尔学习，而且——这对于比尔来说更加重要——也许比尔也能在某些方面向艾玛学习。”

阿历克斯意识到他是在推测。他知道年龄学是很重要的，但是他没找到答案。他很怀疑是否有人能够找到答案。

不管怎么说，他坦诚地直面这个问题，而且鼓励艾玛和比尔也这么做，并且取得了一些成功。

代沟——无底深渊还是毫厘之差

“代沟”是令人费解的沟。例如，有些人觉得在 25 岁和 50 岁的人之间存在相当大的差异，而另外一些人则认为在同一代人之间不同个体的差异远远超过在不同年代之间的整体差异。而还有一些人相信前者，但却声称后者是对的。

在某些领域里，比如科学领域，我们很大程度上依靠专家。但对于帮助激励年长得多或者年轻得多的人的问题来说，我们的意见更有可能受到我们自己较年轻或较年长经验的影响，而不太容易受到其他人的观点的影响。

然而，社会正在以越来越快的速度变化着。如果这些变迁没有在不同时代出生的孩子心中刻下烙印，那么这确实会令人惊讶不已。如果经验和责任的累积没有在一位年老者心中留下任何痕迹的话，这也会是不可思议的。

下面给出一些要点，你也许希望把它们记在心中，以便帮助激励较年长者或者较年轻者。

X代人与婴儿潮那代人

社会学家是这样谈论X代人的……

驱动原因

- 消极世界观（40%的父母高婚比率，双亲工作的重组调整）
- 独自在家的个人主义者（双亲皆有工作，日托，有线电视，电子游戏）
- 忠诚度下降（政治丑恶表演，双亲工作的重组调整）
- 质疑权肆行（父亲较少陪伴孩子，缺乏军事训练，教堂减少）
- 更加多样化（种族汇集和混合）

→

学习和生活的倾向性

- 反馈饥渴
- 行动—思考—行动（而不是先学再应用）
- 并行处理（而非循序渐进）
- 技术高手，信息化的机会主义者
- 在寻求个体快乐时较少妥协
- 创业精神和结果
- 可点击的声音片断，而不是冗长的讲演

而在激励较年长者，例如婴儿潮那代人时，下面这些因素可能会更加重要些：

◆惧怕遭受失败，或者惧怕没能取得足够的成就；

◆由于担心技术会进步得太迅速以至于让他们无法跟得上，而导致焦虑紧张；

◆倾向于模式和逻辑，而非仅仅依靠这些数据点（不论它们多么有趣）；

◆更喜欢具体化，而非虚拟或者准虚拟；

◆关心或者挂念家人。

练习

分别和某个比你年长得多的人、和某个比你年轻得多的人谈谈激励。比较一下他们的观点。

上面的神童也许没有尊重卡罗瑟斯的经验，
但他的确知道电力开关在哪儿……

尊重你的前辈，还有你的后辈。

阿历克斯从一个名字很吓人的理论中

挖掘出一些非常实用的诀窍。

第16章 NLP——神经语言学规划

阿历克斯希望他的第三杯咖啡能让自己清醒一点儿，因为当天上午晚些时候他有一场重要的工作面试。阿历克斯目前公司的主要竞争对手看起来非常渴望能够雇用他。不过，到目前为止，还没有人和他进行过面对面的交谈。

可是在前去面谈之前，阿历克斯清查了一下亚瑟王之剑项目目前的状况。十天以后，项目小组将向公司的执行委员会提交相关的建议。而且，和项目小组原先的预期相比，这个项目已经开始引起更多的关注。在委员会的议程草案上，这个项目已经从当天的最后一个议题的山脚位置爬升到了高些的位置，将在“下午中段”进行讨论。

就整体而言，项目看起来进展正常。但是，对于自己的求职，阿历克斯可就没这么有把握了。今天上午的面试只是他在过去六周里多方努力后才得到仅有的三个机会中的第三个。除此之外，他觉得自己对于被面试的技巧可是荒废已久了。

在上午十点半，他紧张并且偷偷摸摸地溜出了大楼。他觉得自己是在逃学旷课，与此同时还违反了禁止竞争公司之间串谋的行规。而且，他所努力挖掘的就业机会还是很不充足。在准备过程中，他竭尽全力动员了所有的自我激励技巧，他给自己描绘出了一幅关于自己在面试中即将取得成功的图画，并且通过回顾自己过去在远为困难的情况下游刃有余的经历来鼓舞起自己的信心。他就这样为放手一搏做好了准备。

两个小时之后他回来了。他觉得自己在面试中的表现应该说是相当到位的。但是，对于自己是否真的和坐在对面的那位先生进行了交锋并没有太大的把握。

回到办公室以后，他发现比待在走廊的另一端。他示意她到自己的办公室来。

“我刚参加完一轮求职面试，”他把门关上，说道，“看起来还不错。但是，我对于面试主考官是否与我处于同一个波段感到不太有把握。你对于如何激励别人录用你有什么建议吗？”

比犹豫了一下。她有几个主意，但是她觉得阿历克斯不太可能运用得好它们。这么一来，他可能不仅不能改进自己的表现，反而会有损它。最后她终于说："NLP。"

阿历克斯对于三个字母的缩略语，什么 QED 啦、PhD 啦、TWA 啦[1]总是持怀疑态度……"那么什么是 NLP？"他问道。

比又犹豫了片刻。这可是一个很大的话题，不太容易在 5 分钟的交谈中讲明白。"好吧，阿历克斯，我简要地给你介绍一下。不过，在你应用这个理论之前，你得对它多点儿了解才行。

"NLP 代表神经语言规划。你可以粗略地把这套技能比喻为个人完善和追求卓越的一套工具。正如它的名字所显示的那样，这套技巧是基于'规划'你自己（就是你的'神经'线路）以特定的方式来运作或者反应，与此同时，还要密切注视'语言'和其他符号以及图形的使用。

"这个理论的基本前提是，如果你能够把相应的行为模型化和内部化，那么你就可以实现任何愿望。在这个前提中，'模型化'包括：（1）看到（并且听到、感觉到、品尝到、闻到）你自己正在实现你的目标的行动；（2）你是通过运用自己的想象，或者观察某些专家能人的行动来实现上一步的；（3）在你循序渐进地改善自己的表现的过程中，你要时刻留心自己的进展。这

[1] QED 意为"证明完毕"，PhD 意为"哲学博士"，TWA 意为"暂时工作区"。——译者注

样一来，你才能有意识地对自己的方法进行细微调整，这有点儿像自我催眠，但是它既依赖于意识的活动，同时也依赖于潜意识的活动。”

阿历克斯思索了一会儿，试图消化这些内容。“但是我怎样才能用这些来激励其他人在求职中录用我呢？”他问道，意图让谈话回到他的首要目标上来。

“NLP 理论的一个组成部分阐述了我们进行交流沟通的方式。研究结果表明我们所说的话所起到的作用，只有 5% 和我们实际上所用的言辞有关！ 45% 的作用取决于语气、语调和我们声音的其他特点，而 50% 的作用取决于一些非语言因素，比如，我们动作的方式，以及有没有什么举动会让其他人相信或者不相信我们。”

“哦，”阿历克斯提高声音说道，“你说的就是着装艺术和肢体语言吧？”

“阿历克斯，尽管你说的那些因素都很重要，但事情并非如此简单。你曾说过你觉得自己和面试主考官并不处在同一个波段，是什么原因让你这样觉得的？”

“哦，绝大部分时间里他都抱着双臂，喜欢越过我的肩膀上方看过去，而不是看着我，而且在谈话中看上去有些跑题。”

“他抱着双臂……”比向前欠身，“你有没有试着向前欠身，或者做点别的什么来让他变得开放一点儿？”

阿历克斯发现自己下意识地也朝比的方向向前欠身。这让他猛地意识到自己正在模仿比的举动。他不自然地笑了笑，也意识到在工作面试的过程中他甚至没有试图去和面试考官处在同一个生理波段。

“更重要的是，”比继续说道，“你需要调谐到其他人思考的方式上去。有些人是以视觉方式思考的（‘我看见你在说什么了’），有些人则是更为听觉性（‘我听到你要的是什么了’），还有些人则是动觉型（‘我感觉我明白了’），如果你想和某人建立密切的关系，那么你就应该使用他们的思维方式。”

阿历克斯并没有完全地心悦诚服：“这听起来有点儿刻意。难道人们不会看穿这一切，结果就不信任你了？”

“阿历克斯，每个人都有直觉，如果你打算刻意为之，那么是的——人们会识别出这个的。但是，对其他人来说，你同样也可以说你是一番好意、用他们自己的语言来和他们进行沟通——这可不仅仅是口头语言，而且还包括他们的语调、动作和情绪的语言。就像我所说的那样，我刚才所描述的仅仅只是 NLP 理论的冰山一角而已。”

“多掌握点 NLP 理论，我保证它会在面试中帮助你——而且还远不止这些。”

神经语言规划（NLP）

NLP 起源于 20 世纪 70 年代早期，从那以后，它成功地结合了语言学、神经生理学和生物学的要素，并结合对我们进行交流沟通所用方法的研究，逐渐发展成为一种实现卓越的实用工具。

这种理论包括用内容丰富的（而且并不一定是语言学意义上的）图像来对一个人的头脑进行“规划”。下面就是这种理论的核心要点：

◆实际上我们能够实现为自己设定的任何目标（例如，学说一种新语言、绘画，更加清楚地演讲，更加有效地解决问题）。

◆为了朝我们的目标迈进，我们需要：（1）形成一种关于该目标实质上是什么样的特别丰富的形象；（2）通过有意识地模仿那些我们或者其他人在过去发现很有帮助的方法来向该目标迈进。

◆但是，我们只有对来自于我们周遭环境和我们自己的反馈保持警觉，并且相应地调整我们的主观能动性（以及和我们的使命相联系的精神模型），这样我们才能迅速成长。

◆对上面所有这些步骤而言，非常关键的是需要动员起我们所有的感官。如果我们把自己仅仅局限于语言自身的话，那么我们就无法很清晰明了地和自己以及他人进行交流沟通。

NLP 被广泛地认为是自我发展的通用理论，很值得就此专题进行一番研读。本章之阐述不过是一份开胃甜点而已。

未曾揭示奥秘的NLP片断

神经	你如何利用你的感官来过滤和处理你的体验，以及……
语言学	利用语言和符号来创造心理模型，以此来培养……
规划	新的、根深蒂固的习惯和心理模式

NLP 概念精选

（对这些要领的解释参见附录6）

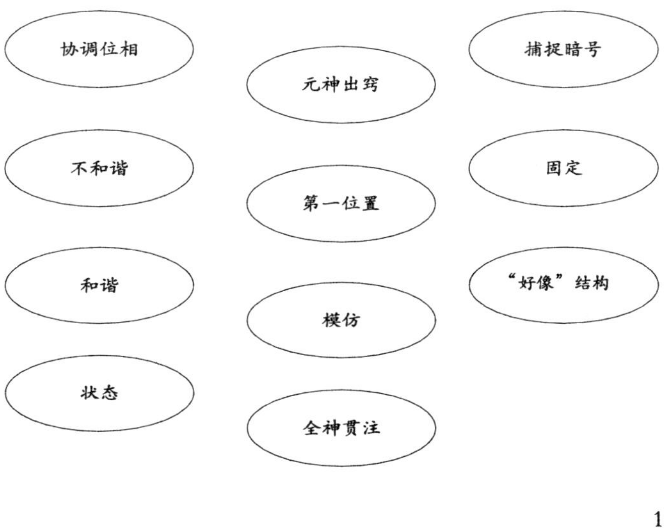

练习

阅读或者浏览一本关于 NLP 的著作。仔细观察你所仰慕的一个演说者——留心他或者她是如何利用视觉的、听觉的和动觉的形象的。

将芝士三明治当作“成功的味道”，诺埃尔逐渐成为公司历史上最好的——以及最大的——推销员。

从各种维度设想你的成功。

阿历克斯发现

——让人心悦诚服是很困难的。

第17章
表　扬

仅仅几天之后，阿历克斯就要向董事会做关于亚瑟王之剑项目的最终报告，对此他感到相当有信心。

在成本—收益方面的改善很可能比项目组起先预想的要大得多；对这些建议的实施看上去是一个相对而言简洁明了的事儿；另外，很关键的是，项目小组所做的努力给公司的几个比较大的客户留下了很深刻的印象。

但是阿历克斯很担心罗勃，他看起来无法接受任何表扬。尽管罗勃在项目开始的时候进展缓慢，但最终他还是做出了出色的成绩——阿历克斯的确早就有理由表扬他的业绩了。这没有什么问题。

阿历克斯所关心的是，罗勃不愿意就现在他在职业发展方面所能采取的积极措施进行充分足够的思考。如果他不接受表扬，那么他也不太可能有足够的自信在公司内部职位调整中或者向其他公司申请更适合他的高级职位。

阿历克斯又尝试了一次联系迈克尔。他试图联系上迈克尔已经有数周之久了，但是看起来迈克尔就是不再回他的电话了。阿历克斯想就自己的职业发展规划咨询一下迈克尔的建议，而且还打算加上一个关于如何给予罗勃表扬的简短问题。

阿历克斯最终还是在接入他的语音信箱时发现了迈克尔的留言："很抱歉我没有和你联系上——这段时间有很多事情。"接下来在语音信息中迈克尔给了阿历克斯一些简要全面的建议，在结束之前就如何用一种激励的方式来给予表扬提出了一系列简要的建议。

当天晚些时候，阿历克斯遇见了罗勃。

"你最近怎么样，罗勃？"

"很好，谢谢。"他的回答很平常。

"你接下来的工作如何？——有没有想过这个问题？"

正如阿历克斯预料的那样，罗勃看上去没有给自己确立很高的目标。

“听着，罗勃，”阿历克斯恨不得抓住他摇晃几下，让他别那么迟钝，“在这个项目里你干了非常出色的活儿。难道现在你不应该为成为某些更重要的角色而努力吗？”

“但是我不是很确信我做了那么出色的工作……我的意思是说，我还可以进行很多其他的分析。”

阿历克斯迟疑了一下。他不知道是否应当再次指出罗勃的不安全感，抑或应当仅仅把这些谈话集中在让表扬更突出上。他选择了后一种方式。而且他应用了迈克尔的第一条建议：证实自己真的是在提出表扬。

“罗勃，不论对董事会做的报告将取得什么样的结果，我都希望你知道：你做的工作非常出色。不论何时我需要让人帮我从一些复杂数据里发掘出真正有价值的东西，你都是我要找的人。”

他们又谈了几分钟，阿历克斯意识到罗勃还是没能认可对他的表扬。阿历克斯换用了第二种方法：解释清楚为什么他认为罗勃的工作是如此出色。尽管他用了合适的例证，阿历克斯还是觉得此路不通。

现在他下定决心把自己的观点阐述清楚。他意识到自己正在越界，但不管怎样他还是继续了下去。依据罗勃的出色表现，气势磅礴地提出了罗勃毫无疑问可以跃升到难以想象的高度的断言：“罗勃，我现在唯一能说的就是，你给自己确立的愿景是成为摆弄数据的魔法师莫林，我只是想告诉你，你可真是一个奇才。

有那么一天，你可能会拥有自己的软件公司，或者你可能会回到学术界去。不论是哪条道路，我都确信你将因你的那些技巧而名声大震。”

罗勃看起来精神振作了。他的声音变得坚定有力，他直接看着阿历克斯的眼睛。“你真的这么认为吗？”他激动地问。

阿历克斯为他自己锲而不舍的毅力所打动，很庆幸罗勃没有当场拒绝自己的表扬。“绝对如此。”他坚定地回答，并为罗勃祈福。

罗勃关上办公室的门出去了，阿历克斯因自己的努力感到筋疲力尽，更深地陷入他的椅子里。“我不知道自己做得对不对，”他不安地问自己，“看上去似乎过犹不及。”

但是奇妙的事情发生了。在接下来的几天（也许更长的时间）里，罗勃看起来比从前积极得多了，也外向多了。阿历克斯不知道，罗勃一直梦想着建立自己的软件公司，而他现在正朝着这个方向做出最初的冒险尝试。

阿历克斯总结出——在给予表扬时——手段的合理性确实由结果来证实……只要确实存在一些真正的证据能表明该工作做得的确很出色。

表　扬

除非你能够以一种令人完全信服的方式对某人所做的事情（或者是他们所拥有的技巧）给予表扬，否则你就无法激励这些人。

出于某些缘故，绝大多数人都以为像“你那件事干得可真棒”这样的评语后面会跟着“但是，让我告诉你怎样才能干得更好”。因为这个原因以及其他原因，许多人都会拒绝接受开头那句话的真实性。至少他们会觉得你在遮掩事实上的批评。下面的表格给出了你可能会愿意采纳以减少这种并发症的一些窍门。

当然了，确实存在着这样的时候——特别是在工作环境中——你可能也会想要向别人提出如何改进他们业绩的建议。然而，你应该留心给予别人足够分量的真心诚意的表扬。

如果你正在试图维持你自己的激励状态（而不是其他什么人的），那么你很明显就需要找到你自己独特的方式来让自己确信自己的能力。

关于给予表扬的四项建议

问题	建议
人们无法相信你的正面评价	**证实**你自己真的是在提出表扬：“你的报告是如此的精彩，我想让你来做接下去的几个报告。”“照片太棒了——你给我再多拍几张好吗？”
人们并不真正理解为什么你认为他们干了一项很出色的工作	**解释**为什么你会认为他们做的工作很出色：“你的报告很精彩，是因为你……”、“那张照片很棒，是因为……”
人们觉得他们是因为“运气好”才取得这样的成绩	**指出**他们的表现是他们本身固有的品质：“你确实是一个很棒的演讲者……”、“你确实是一个出色的摄影师……”
人们不能明了他们自己的全部潜力	**充分揭示**他们的潜质：“你是如此出色的演讲者，你都可以成为电视新闻播音员了。”“照这么摄影下去，你会成名的。”

对维夫来说不幸的是，“整洁地着陆”这句话意味着，带着激光枪的绿色胖男孩来自某个完全不一样的地方。

以你所知道的某种能被接收的方式
来传递赞美。

阿历克斯学会区分压力和张力。

第 18 章
压力：头脑、身体和精神

阿历克斯坐在董事会会议室的后面，等待轮到他向执行委员会报告，此时的他有些紧张不安。亚瑟王之剑项目组已经给他准备好了幻灯片，但是他知道在他的报告当中还是存在几处薄弱的地方。

显然市场营销主管很胸有成竹，他漫不经心地走到连接投影仪的笔记本电脑前，这让阿历克斯很羡慕。

“我这么紧张，他却如此放松，这是怎么搞的？”阿历克斯感到很奇怪，“不管怎么说，我们是处在同样的环境下面，而且我们俩都具备大量的在众目睽睽之下作报告的经验。”

然后阿历克斯就记起了在他的工程师岁月里学到的一些知识：压力是外界施加在一个物体外面的力，而张力则是这种外力在这个物体内部进行传输的方式。压力是外力，而张力则是内在的。所以，从技术角度说来，阿历克斯和市场营销主管都受到同样的压力，只是这些压力在阿历克斯身上引发了更多的张力。

阿历克斯一边若有所思地在自己的纸上涂鸦，一边奇怪为什么他的张力会和市场营销主管的张力不同。

“也许这些完全存在于思想之中，所有这些自我对话，所有这些‘唧唧喳喳的小猴子’都是冥想活动致力于令之缄口的对象。我已经做过关于冥想的试验，看上去它确实不无帮助。但是，我总是觉得那些经常规律性冥想的人(有时候每天要冥想数小时)只是找到了一种新的活动，以便让自己能够沉溺其中并上瘾而已，这不仅不能促进这么做的目的（去除‘杂念纷扰’，达到‘灵台清净’)，有时候冥想本身反而创造了一种新形式的‘拖泥带水’。”

阿历克斯得出了自己的头脑确实正常（至少现在是如此）的结论。他决心——而且这也不是他生命中第一次下这样的决心——超越进行冥想的需要。这可真是一个了不起的借口。

“也许我所感受到的张力应该归咎于我的肉体。不过，我的饮食很合理、健康，尽管我认为我并没有达到应有的锻炼量。但是，就我的年龄而言，我的体形保持得相当不错。如果我真的想跑一场马拉松赛跑的话，我还是能够胜任的，只要我进行足够的训练……不，问题没有出在我身体上，也许我近来参加应酬宴会的次数多了一点儿，但是我也不认为应该归咎于此。”

阿历克斯准备继续检查自己的精神。这是他的“头脑—身体—精神”三位一体的第三个组成部分。但是随后他就又产生了一些新的想法。

“当我们想到“身体”的时候，我们总是会想到饮食和锻炼。而我们却不会这么经常地想到习惯性行为和反应——而许多习惯性行为和反应已经变得如此地自发、自觉，以至于它们真的已经成了我们身体的组成部分。那么肾上腺素呢？这些导致‘要么战斗，要么逃逸’的物质——难道是‘头脑’的一部分吗？我想答案是否定的——它更应该是‘身体’的组成部分。”

即使是把‘身体’的定义扩大到上面的范畴，阿历克斯还是在他的简要自我检测中给自己一个可以接受的通过符号。但是他的确感到奇怪，为什么绝大多数医疗检查看上去对情绪反应都只给予如此少的关注，相反却在纯粹生理性的膝跳反射方面大作文章。在他下次去拜访自己的私人医生时他打算问问他。

“那么，我认为我的张力一定和我的精神有点儿关联。但是，什么是‘精神’呢？”（他打开自己的掌上电脑，点击“工具”，进入“同义词词库”，上面对“精神”是这么解释的：“生命，活力，活泼，锐气，灵魂，本质。”哦，没多大用处（司空见惯了）。

“灵魂”？——这个看起来有希望。让我们看看词库对这个词是怎么诠释的：“……生命、活力、活泼、锐气、精神、本质。”

这种同义词词库中毫无价值的循环定义让阿历克斯感到很失败，他干脆放弃了寻找他的“精神”含义的努力。

随着他作报告的时刻越逼越近，他得到如下结论：就是遏止住“张力”的简单致因是非常困难的事情。也许这就是为什么心理咨询师们的日程表总是排得满满的缘故吧。

一个人所能够采取的全部有效措施包括：对于压力和张力之间的区别保持清楚的认识；不要试图让自己过于频繁地暴露在充斥着过量的压力的环境中；希望某些集中在头脑、身体和精神上的整体维护活动（或者是分别针对这些部分的活动）能够想方设法联合起来，以一种不是太令人痛苦的方式引导张力通过自己的身体。

但是阿历克斯被一场看起来正在酝酿形成的争论给突然带回到了董事会会议室的现实中来。看上去似乎市场营销主管忽略了执行委员会提出的几个问题……而且也没有完整地回答其余的问题！他对自己是如此信心十足，以至于他在作报告的过程中虽然乘风破浪，但却没有想到他的听众们也许会做出一些有价值的贡献。

“也许对他来说，很有可能是太放松了，或者是紧张得不够。”阿历克斯想到，“我们大家都需要在我们的身体系统里有一些肾上腺素的存在，这样才能让我们保持状态。如果没有这些压力，我们会坠入梦乡的——或者会没法回答听众提出的问题。”

现在轮到阿历克斯给董事会作报告了，在他做讲演的时候，不管怎么说他还是感谢自己体内肾上腺素的存在。他概述了从亚瑟王之剑项目中得到的建议，着重强调了在提高赢利率的同时改善客户服务的可能性。他的机警和敏捷反应让他在回答随后的刁钻问题时显得既聪明伶俐又不乏技巧。

阿历克斯的演讲看上去给董事会留下了深刻的印象。不过，当然需要董事会在第二天的会议上通过这些议案才行。

压 力

有的时候事态会变得糟糕。然后是更多的方面出问题。最终我们开始觉得撑不住了，我们开始感到压力巨大了！

真是这样吗？压力是一个经常被误用了的词。但是它的误用是非常微妙并且不易为意识所感知到的，所以它是我们自我对话词典中一个特别危险的词条。

但是，工程师们会在压力和张力之间做出非常清楚的区分。压力是作用在一个物体上的外力；张力是该外力在物体内传输的方式。尽管我们可能并不一定总是能控制外部的压力，但是我们一定可以对内部的张力做点儿什么。

好了，那么我们如何才能保持激励状态，即使是处在巨大的压力之下呢？

◆学会区分压力和张力——把它们置入隔离开的盒子之中，并且各个击破。

◆认识到适当的压力（以及随之而来的张力）的有益作用。如果没有这些力量，我们将会过着一种非常没有意思的瘫痪生活。

◆找出你自己的最佳压力和张力区间。我们中的某些人比其他人需要更多的压力，这样才能更有效地运作。请找出你自己的压力边界线；积极地在这些边界线上做试验——把它们向上弯曲或者向下弯曲。

◆但是如果你对压力感到彻头彻尾地难以抵挡，请寻求专家的指导和帮助。

压力和张力都是既可以强化也可以削弱VICTORY环中各个部分之间的联系的。请学会以对你自己有利的方式来摆弄它们（或者帮助其他人这样做）。

如果你在这个领域需要进一步的帮助，任何一家不错的书店都会提供整本整本的著作（以及研究报告）来帮助你管控压力。

压力与张力，以及最优区域

不同的身体以不同的方式来应对压力。有些身体会维持原状，然后突然间崩溃。其他身体则会变形，但不致崩溃。这些都取决于他们的“灵活程度”

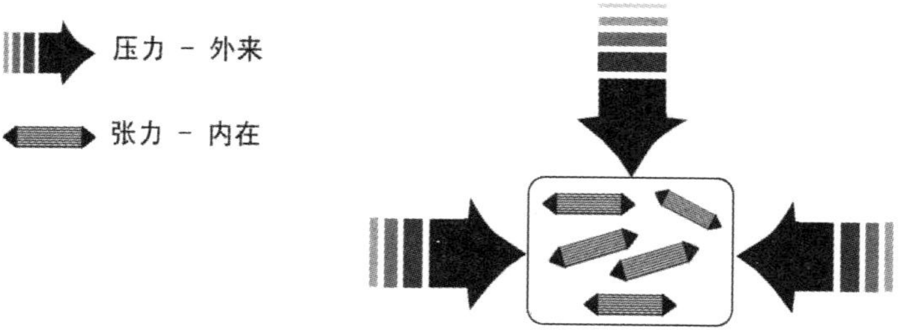

如果在长时期内承受过少——或者过多的压力，我们可能会变得不那么有效率。我们每个人都拥有自己的轮廓和我们自己独有的承受最佳数量压力的个体区域。

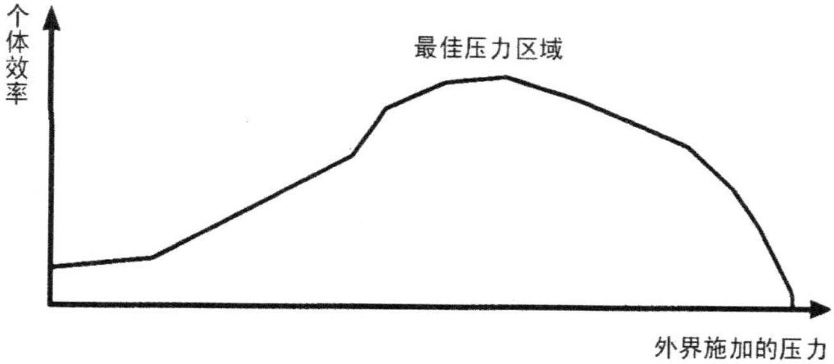

练习

请在头脑中回忆你的生活片段，描述你自己在这些生活片断中独有的“灵活程度”，勾画出你自己的效率是如何随着施加压力的数量而变化所形成的轮廓线。

“哦哦哦，这会花费掉……”

在还没太迟之前，给自己做一个压力测试。

阿历克斯在工作以外的场合
应用他最近获得的激励技巧。

第19章
工作场合以外的激励

在结束了给执行委员会做的报告之后，阿历克斯看了看手表，出发去“无家可归者中心”。每年当圣诞节快要来临的时候，随着夜晚变得越来越冷，阿历克斯会把自己的几天时间贡献给慈善事业。在该组织的总部，他运用自己的规划和物流才能帮助他们把正确数量的捐献来的毯子、床和礼物在正确的时间运到正确的地点。

尽管他最近在工作中遇到了挑战——或者，他也许是把这次义工当作应对工作挑战之后的休息，他决心今年再次贡献一回自己的力量。

迎接他的有新鲜的面孔，也有几张熟悉的脸。“嘿，阿历克斯。自从去年圣诞节以来一直过得都还好吧？”这是查克·丹尼尔斯。他一年到头总是兴高采烈，还是个很成功的企业家。今年他又一次担任了这支志愿者队伍的临时长官。

“我经历了几次沉浮，但我自己感觉现在比起几个月之前来说充满活力、精神饱满得多了。”阿历克斯回答道。

“听到这些我可真高兴。”查克总是把过去的事情撇在一边，并且全神贯注于现在和将来，“今年我们碰到了几个问题。床太多了，而毯子却不够。而且我担心有几个和你一起做物流的人，想把今年作为他们做志愿者生涯的最后一年。我还不清楚这是为什么。”

一个阿历克斯呻吟了一声——这听起来很像“褪色五员”的传奇故事又从头来过了，另一个阿历克斯记起了杰姆——他的上司——在几个月之前曾说过的那些话，他说阿历克斯如何是一个不合格的激励者。后一个阿历克斯占据了上风。他决心证明杰姆是错的——阿历克斯会率领任何团队并激励他们。

阿历克斯得进行一番快速思考。他们只有三天时间来把活儿干完，而且在整个团队到达之前阿历克斯只有 15 分钟时间给他们做简要布置。就他的天生倾向来说，本来他想应用他在规划和组织等方面的出色技巧，这些技巧是在他大学里学习工程那些年、他的生产管理的第一份工作、商学院的求学历练和在目前公司进行的战略规划生涯中慢慢磨炼出来的。但是他停顿了一下。他应该证明杰姆和其他那些董事错了，他应该专注于愿景和激励的其他因素，而不是一门心思搞规划和微观管理。

当物流小组的最后几个成员抵达他们残破不堪、年久失修的屋子时，阿历克斯仍然在给他的介绍陈词做最后的修补工作。应该诉求于何种愿景形象？应该用什么样的简要行动计划来刺激他们做出努力呢？能把这些志愿者会聚在一起，并让他们齐心协力的激励因素是哪些？

“此刻，在圣诞前夜，我们聚集在这里——在那些无家可归和需要帮助的人们面前，在接下来的三天时间里我们会面临艰巨的挑战，但是我们要战胜这些挑战。这不是为了金钱，也不是为了名声，更不是为了我们自己。但是，我们就像两千年之前的那个旅馆主人一样，要给那三个需要帮助的旅行者提供安身之处……

“而且我们最终还要达到一个目标：我们在接下来的三天时间里要共同度过一段如此美妙和愉快的时光，为此我们还将期盼着下一个圣诞节再次聚到一块儿。”他总结道。

阿历克斯觉得接下来的几天时间可能会给他提供一个风险不那么大的舞台，以供他操练自己的激励技巧。在他现在所处的环境下，他的团队成员中绝大多数都并不清楚他过去常用的分析和控制风格。因此，他在实验方面可以极端一点，而不用担心其他人会问："阿历克斯怎么了？为什么他会这样处事？"

阿历克斯已经有意克服了自己想要"全部工作都由自己来控制"的愿望。在他的规划里，他已经预留了足够多的时间来和每一位团队成员进行交谈——同时检查他们各自对接下来三天的工作所确立的愿景，并给他们充电加油，监控并提高他们的自信心水平，同时还要观察和重塑他们应对当前进展速度的方式。

工作截止日期逼近了。在最后一个下午，借来的卡车把床、毯子和其他东西从各式各样的仓储点收集到一起。有些司机直接前往散布全国各地的无家可归者救助中心的最终卸货点；其他司机则先在中途的仓库卸货，然后再把重新混合装好的货物运到中心去。

最终还剩下一些问题——有些严重，有些轻微。但是，当庆祝圣诞前夜的午夜钟声敲响之际，整个团队都知道他们的工作胜利完成了。

大家端着盛着廉价葡萄酒的塑料杯，小组成员们情绪高涨。查克把阿历克斯叫到一旁，和他握手："非常棒的工作。"

"谢谢。"阿历克斯回答道。

"不……"查克继续说道，他又一次地把过去撇到一边而直奔未来主题，"我说的是，我要给你提供一份非常棒的工作。我将要宣布一项规模巨大的并购活动，现在我需要一些重量级的人物来运作此事。在过去几年中我亲眼目睹过你的工作，而且——

我希望你不会介意——我很冒昧地调查了你的资历。所以……你对此有没有兴趣？”

“听起来是一个很棒的机会。我想我需要对被并购的公司多点儿了解。”

“别担心这个。我确信你知道的够多了。不管怎么说，我们需要的就是你的激励和管理技巧。”

午夜一点的钟声敲响了。阿历克斯现在不需要立即做出决定。

他动身回家，并且答应第二天给查克打电话。而且他不会爽约的……

在工作场合之外进行激励

本书中给出的诸多例子中有很多是展示如何在工作环境中应用 VICTORY 模型的。

但是，这些技巧和建议可以运用的领域要宽广得多。可能你并非孜孜以求成为一个专业咨询顾问或者激励者，但是，即使你仅仅只是“给出一点点激励”，那么也许你就可以获得出乎意料的回报。

◆下面的图表给出了几个也许你会希望应用于你的激励技巧的领域。

◆在你如此做的过程中，有几点注意事项需要你牢记心中：

注意情势环境。在工作中，作为管理者和其他人的领导者，别人会期待你去激励他们（或者至少他们希望你会去这么做）。尽管你的朋友和家人可能不会和你的同事有同样的期待，但是他们绝大多数人还是可能会拥有同样的希望。然而，不管怎么说，你只有在清楚地想明白了周遭情势环境之后，才可以逐步——或者一蹴而就——地去激励他人。

很显然（但还是值得强调）的是，你不需要把你的激励和鼓舞他人的努力局限在某些“消沉”的人身上。你也许会希望给一个已经在激昂状态的人充电。

不要贪多，以免嚼不烂。有时候人们需要受过专门训练的职业心理咨询师的帮助——例如，在他们的沮丧压抑已经到了医疗水平的时候，在这些情况下，你的努力应该局限在激励他们去寻求专业帮助方面，否则你就有可能把事情弄得更糟糕。

在工作场所之外进行激励

给予激励的领域

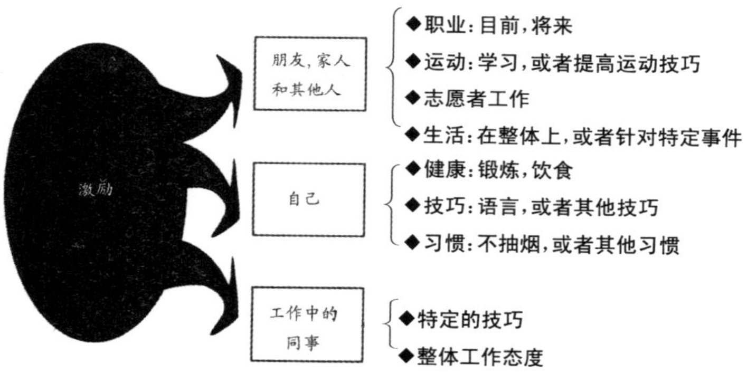

练习

让自己奢侈一把，把你自己新近磨砺过的激励技巧在比你原来可能预想到的更为宽广的领域里进行应用。

由于赫胥黎坚持玩“划船”游戏，
三天里没有人说一句话……

不要把你的激励技巧落在办公室。

阿历克斯回顾了一路走过来的风风雨雨。

第20章
精通激励技巧

圣诞节这天，阿历克斯回到了办公室并工作了一上午。接下来是节日休假了。不论运气好还是坏，他都将要知道在两天之前的执行委员会会议上董事会是否采纳了他和项目组做出的建议。和项目组共进午餐之后，他打算打道回府。他准备致电查克，以便对他以非正式方式给出的职位许诺多点儿了解。接下来他就得在这个机会和到目前为止他获得的另外一个职位——来自公司主要竞争对手的录用之间做一个选择。但是，在喝完了当天的头道咖啡之后，他决定先回顾一下过去三个月的经历。

亚瑟王之剑项目：这场战斗胜利了。不论董事会做出了何种决定，阿历克斯知道公司最终还是会实施项目组的建议，而且没准儿会在亚瑟王之剑的唤醒下开展类似的项目攻关。

褪色五员：他们可能不是一个精英团队，但是他们毫无疑问地证实了他们自己的能力——不论是从个体角度，还是从团队角度而言都是如此。好几个公司其他部门的经理已经向阿历克斯打听过他们了。在亚瑟王之剑项目组的成员们和那些部门的其他员工一起工作以解决那些生产问题的过程中，这些经理们对他们的工作印象很深刻。项目组的所有成员都得到了公司里其他职位的录用。

阿历克斯自己：在满分十分里他给自己打了 7.5 分。尽管他成功地改变了整个项目组的业绩表现，但他对于自己是否真的精通了激励技巧（不论是激励自己还是他人）并没有太大的把握。

他给了自己几分钟时间，好好思索了一下对习惯性地激励自己和他人的技巧的掌握包含哪些方面。他又练习了一下自己的形象化技巧，并且在自己的头脑中形成了一幅关于真正精通激励技巧的图画。最终这幅图画看起来像是比和迈克尔的混合。那么，他们是怎么做才能表现得如此出色，以及他们是如何达到这种高超水平的呢？

精通激励技巧最重要的特征就是直觉和本能的结合。比和迈克尔分别都有他们自己的工具、模型和理论框架——他们把其中许多都传授给了阿历克斯。但是有一些其他东西让这两个人成为真正的大师——他们在真正的本能驱使下使用这些工具、模型和理论框架，而且还运用直觉来让自己在当前的环境情势下使用正确的方法和工具。

例如，如果你希望迈克尔逐步地给你讲解 VICTORY 环的话，他是能这么做的。但是当他应用这些技巧的时候——当然是为了激励他人，但也可能是为了激励他自己——这个 VICTORY 环就不再继续是存在于环上的一系列步骤了，看上去更像是这个环缩成了一个点，或者甚至是一个不存在的点，或者是作为所有已经成为了他自己的一部分的那些不存在的点中的一个。对他来说，激励已经变成了“自然的艺术”。

但是迈克尔和比是怎样拥有这种层次的固有能力的呢？阿历克斯在接下去的一分钟里展示了他的分析能力。他们的成长道路一定包括同时积累技巧(通过明晰地学习这些工具和理论框架）和经验（通过反复练习和下意识的培养）。因此阿历克斯总结出来的通往大师之路包括下列步骤：

1. 寻觅者。你认识到了激励的习惯（对你自己和其他人）的重要性和作用。你学习一些简单的技巧，并在不那么严苛的环境中应用。

2. “学习型专家”和/或“行动型专家”。对于这个主题你进行了更深入的学习，并且在自己相对较为熟悉的环境下应用这些新方法。然后，随着信心的不断提高，你在更广阔的范围内应用你的技巧。这就是“学习型专家”的成长道路。他们可能更倾向于“思考—行动—思考”。

但是还有另外一条道路。你可以利用你早期已经学会的技巧，在熟悉的范畴内直接应用它们。只有在你需要更多的技能和窍门时，你才会去主动努力获得这些技能和窍门。这就是“行动型专家”的成长道路，他们可能会倾向于“行动—思考—行动”。

当然了，绝大多数人在这两条道路上都会花费一些时间——这些道路并非相互排斥的。

3. 大师。在“学习型专家”或者“行动型专家”的早期阶段，事情开始变得非常复杂。但是随着技巧的越来越娴熟和实践机会的增多，激励通常都会变得越来越容易。对一个大师而言，人们会对你在帮助他人方面显示的慷慨精神大为惊讶并折服。他们会奇怪在你给予如此多的人如此频繁和如此多的激励时，你是如何保持充沛的精力的。你能做到这一点，也许是因为这简直太易如反掌了——你简直就没有觉察到你付出过什么。

有一段关于冥想内省的话是这么说的：

在冥想内省之前，山即是山，水即是水；

在冥想内省之时，山已非山，水亦非水；

在冥想内省之后，山还是山，水仍为水；

阿历克斯抬起头来，是迈克尔来了，他看上去一点儿也不像是个大师。他看上去垂头丧气，心存歉意。不管怎么说，他毕竟只是一个人。

“你可别告诉我，”阿历克斯呻吟了一声，“董事会否决了我们的建议。”

“哦，不，”迈克尔再次重申，“他们在两分钟之内就干脆利落地通过了你们的提议。”

“那么，你为何看起来如此不开心？”

“我很抱歉，阿历克斯……我本来想早点告诉你的，但是我想你能明白我得为这事儿保守秘密……”

迈克尔把一张打印文稿放到阿历克斯桌子上。这张刚从复印机上拿下来的纸还热乎着呢。尽管迈克尔能洞悉人性，他还是无法解释为什么当阿历克斯看清楚这张新闻发布稿的标题时，脸庞上展现出了仿佛曙光乍现时如梦初醒般的越来越浓的笑容。

> 董事会已经同意接受来自查克•丹尼尔斯公司的秘密合并要求。
>
> **新的管理层团队将在下周公布**

掌握激励你自己和他人的习惯

帮你自己一个忙——让自己充分享受既激励你自己也激励他人的良好习惯吧。我在此处的描述不能表达这样做所能给你带来的裨益的万分之一。

最低限度上你也有责任使自己成为自我激励的大师。那么，“大师”有哪些特点？我们怎样才能成为大师呢？

◆大师。大师最为显著的标志就是直觉和本能。

通过直觉，大师就可以明白无误地知晓该在一个给定的环境中倾注多少“激励”。而本能则让他采用了正确的方式：一旦他发现自己缺乏自信心，甚至几乎是在此之前，他就习惯性进行了反应。

发生作用的模式线路会通过实践而逐渐演变为“实体化”，这也许是 VICTORY 模型的模式，也许是一些其他种类的习惯性行为。几乎是在他注意到自己的逆激励状态之前他就对自己进行了再激励。不可思议的是，对于其他人他也知道应当如何做到这一点。

◆成才之路。下面给出了三种抵达大师境界的可能路径。

本书的附录7提供了如何踏上这些道路的小窍门。这些途径通过在许多领域里进行的反复实践来培养经验，并经由学习来培养技能。我们每个人都根据我们自己所创造的——或者是运气所给予的机遇来选择自己的道路。

我们当中很少有人能成为不折不扣、拥有直觉和本能的大师级人物。虽然这可能会令人难以接受，但一个不争的事实是，激励状态是需要每天精心呵护的。这与你每天都得刷牙更为相似，而非“一蹴而就”地学会骑自行车。但这可是你能给予他人最好的礼物。

成为激励大师

大师境界：直觉和本能，以技能和经验为基础，经由学习和实践来获得。

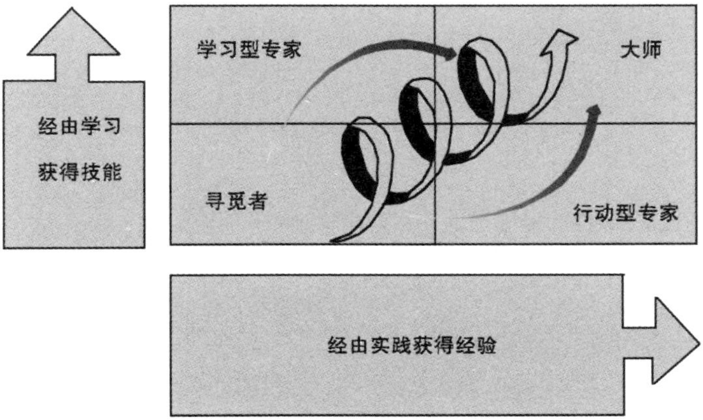

练习

确定至少一个人作为你在接下来的三个月里将向其传授至少你的部分激励技巧的对象。

零售缓慢，

在商店里汉克想知道

他是否挑选了发售他的新书的正确的镇子。

把激励培养为习惯。

附录1　如何有效使用本书中的激励技巧

你不可能仅仅通过阅读某一本书就能达到更有技巧地激励别人的目的，通常大量管理得井井有条的实践才是成功的关键所在。

所以，或许你不妨采用下列方法：

1. 完成一个快速自我评估（请参见下页的附录2）。此举将有助于你的实践更富有针对性，特别是如果你请某个了解你的人根据你留给他们的印象对你做出评估的话，帮助会更大。

2. 挑选一个主题在本周进行实践——这个主题也许是“构建愿景”，也许是“解读反馈”。当其他主题变得更相关、对你更有价值的时候再实践那些主题。

3. 请对自己在成为他人激励者的进程中的进展给出评价。如果你在和他人一起工作方面表露出显著的成功，那么反馈会自发产生，无须你要求。但是更为常见的情况是，即使你取得的战果相当明显，但你还是需要请别人告知你做得究竟如何，这是因为绝大多数人都会想当然地认为那些激励者自己是不需要鼓励的！

附录2 你对自己和他人的激励程度如何？[1]

	自己			他人			行为	
	O	S	R	O	S	R	P	C
愿景								
构建富有吸引力的愿景——吸引多种感官——囊括未来如何以及如何行动（对自己和他人）								3
把愿景翻译成单页的行动计划（或者在他人制订计划时给予协助）								3
信心								
寻求来自他人的令人激奋不已的反馈；光明正大地犒劳你自己或者他人								5
了解那些能够增强你自己信心或者他人伤心的特定因素								5
毅然行动								
杜绝拖沓迟延（或者帮助他人这么做）								6

[1] 请根据你是如何激励自己和他人的具体情况在上表中打钩（O表示经常，S表示有时候，R表示极少）。填完后，根据上表情况决定自己应该在哪些方面集中努力（P表示需要优先努力，C表示特定的相关章节）。

（续表）

在某项令人恐惧的行动即将来临的时候，汇聚来自他人——或者自己内心力量源泉——的支持（或者帮助其他人获得支持）								6
结果和障碍								
确立具体的目标，这些目标和愿景以一种简明但是灵活的方式相联系，并且包括对于可控行动步骤的进度调试（或者帮助其他人这么做）								7
为自己和他人创造“无心插柳柳成荫”								7
应对反馈								
寻求反馈，接受表扬的荣誉，并且建设性利用具明显负面性反馈（或者帮助其他人这么做）								8
调控你的“自我对话”，并在必要的时候改写这种对话（或者帮助其他人这么做）								8

附录3　构建愿景

尽管朋友们能施以援手，但唯一能为你描绘出一幅令人信服的愿景的那个人只能是你自己。

* 请回忆一下促使你阅读本书的理由。你想要在自己生命中的哪个领域更富有激励能力？

* 现在，在你的日程安排里腾出半个小时来安排一次与自我的对话，并完成附录4的要求。

* 在这半个小时与自我进行的对话中，为自己描绘出一幅愿景，如有必要，可以借助下面的建议。

* 请就已经取得的成就而祝贺你自己；如果你认为上面的自我对话不无助益，请进一步安排后续的自我对话。请回顾一下朋友们对你所给出的评价和看法。你在描绘愿景时是否足够敢想敢做？

请在上述方面掌握足够熟练的技巧以便帮助其他人构建愿景，也可以请他人帮助你构建自己的愿景。

关于构建愿景的建议

* 请确保自己处于宁静平和的时间和地点。闭上双眼，想象一下你梦寐以求的成功是什么样子的。

* 请动员起你全部的感官——包括视觉、嗅觉、触觉、味觉、听觉和第六感来充实你的画卷。别忘了使用隐喻。

* 不妨做更多的白日梦。你想给自己的传记起什么样的名字?

* 当你做好了充足的准备后，请在下面的空白处捕捉并记录这些转瞬即逝的点点滴滴——你可以使用图画、色彩、词语以及其他最能帮助你有效捕捉愿景的手段来把这些灵感落实在纸面上，不论这些方式的形式如何。

* 一旦在实现愿景的路途上，关于那些也许能帮助你的行为、事情以及人物——你产生了任何想法，那么请摘要记载之。

附录4　检查自我对话和信念

“自我对话”和我们所拥有的更广泛意义上关于生活应该是什么样子的信念通常都会影响我们的激励水平——这种影响可能是正面的，也可能是负面的。

下面的建议也许能派上用场。不过，这仅仅只是一些例证而已——没有哪种列举可以穷尽一切可能。所以，请尝试着学会培养起属于自己的、为自己度身定制的建议，以便在自己或者他人注意到你正处于负面状态时加以运用。

问题	建议
自我对话——不健康的习惯	
概括总结，非理性和错位	积极地调控你对自己的评价（如果你能做到这点的话！）说服一位朋友来帮助你完成这点
非理性的信念	
我要么必须做A，要么必须做B	除了考虑一下选择C之外，弄明白你怎样既做A又做B——通常有这种可能性

（续表）

人们应该必恭必敬地对待我，如果他们不是这么做的话，那么我必然是多多少少被人瞧扁了／我得还以颜色，等等	请记住在人们日常行为中很少会有放之四海而皆准的真理；所以，为了更有效地解决你的问题，请这么想“我希望人们充满敬意地对待我，所以……”
自我对话——惧怕成功	
我不配成功，因为我确信自己没这个福分	千里之行，始于足下——毫无疑问。你一定会在某些事情上取得成功，这是你应该得的
如果我成功了，那么人们就不再会给我任何同情了	试想一下，如果你无心自助，那么人们也将不会继续对你掬同情之泪
人们将会目光炯炯地注视着我，我将被迫显得“鹤立鸡群”	请回顾一下人们是否已经在密切注视着你，而且在想为什么你没有处于更激奋不已的状态
如果我处于更激奋不已的状态，那么我就会被拖进一个旋涡中，被迫维持越来越卓著的声名——而这太累人了	好好考虑一下，为了应对你目前这种去激励的状态，你是否确确实实要消耗掉更多的精力？

附录5　迈尔斯—布里格斯人格类型测试表（MBTI）

MBTI通过分析对于一些“平衡代价”问题的回答而揭示人们面对生活所倾向于选择的道路，它包含四个方面：

1. 活跃的（精力导向）

外倾（E）	内倾（I）
外部的	内部的
向外推	向内拽
爆发出去	包容、包涵
广度	深度
人、事	主意、想法
交往	集中
行动	沉思
行动—思考—行动	思考—行动—思考

（续表）

2. 注意的（感知）

感觉（S）	直觉（N）
五种感官	第六种感官
事实真相	可能情况
实际的	理论化的
目前的	将来的
事实	洞察
既存技巧	新的技巧
效用	创新
按部就班	跳跃发展

3. 决定的（代价）

思考（T）	感受（F）
头脑	心灵
逻辑体系	价值体系
客观	主观
公平、正义	仁慈、宽恕
批评	褒扬
原则	协调、融洽
推理	移情

（续表）

坚定而公正	同情、怜悯

4. 生活的（外部世界指南）

判断（J）	认知（P）
计划井然	自动自发
约束	放任
控制	适应
固定的	尝试的
管理生活	顺其自然
确立目标	获取数据
坚定果断的	开放的
井井有条的	灵活的

附录6 NLP概念精选

概念	定义
捕捉暗号	利用身体（比如呼吸、姿势、手势、眼睛动作）来触发某种状态（参见下面），或者以之来获知其他人的状态。
固定	牢固树立刺激和反应之间的联系（比如，“特定语调”和“能够让人开心”，“特定服饰”和“让你信心十足”）。
“好像”结构，未来步调	为了解决问题、确保成功而想象某些事情已经发生（例如，在演讲排练的时候想象有观众在场，并预期他们的反响）。
全神贯注/元神出窍	全心全意地沉浸在某种思索或者情绪中/从一定距离之外观察自己，用在诸如培养新的固定行为习惯或者“了解自己是怎样学习的”这样的场合中。
第一位置（以及第二位置和第三位置）	在体验或者模仿（见下面）某种行为的时候，自己全心全意地从各个维度上去接触体味；第二位置：从“受众”角度去体验某样事物；第三位置：仿佛从一定距离之外进行观察。
和谐，不和谐	内在感受和外部表达相互协调，不协调（例如，在声称“这挺容易”的同时微笑/皱眉了）。

（续表）

模仿	分析某人是如何实现某个目标的，以便其他人能够理解或者模仿该过程。这是加速学习的基础所在。
协调位相	通过镜像模仿或者与别人配合无间以与其协调一致，并在一段时期内保持这种状态。你既可以协调行为的位相，也可以协调信念和思想的位相。
状态（内涵丰富的与非内涵丰富的）	经历体验一套完整的持续情绪(例如，内涵丰富的“自信”状态，或者是非内涵丰富的消沉状态）。

附录 7　掌握激励技巧的小窍门

培养技巧	阁下的计划是？
* 判断激励的哪种或者哪两种技巧让你动心。 * 在你实践这些技巧的时候观察和沉思——改造这些技巧以便符合你的个人风格。 * 致力于使得应用这些技巧成为你或者其他人的第二本能，举例来说，如果你感觉自己处于激励状态，那么你的 VICTORY 环就应该自动地起作用。	

培养技巧	阁下的计划是？
* 开始的时候，在某种你感觉舒适的环境下实践你的技巧。可能你更愿意以致力于提高自己的激励技巧而不是改善他人的激励技巧为开端。 * 拿那些看起来更为棘手的情况开刀——不论它们和你有关，还是和别人有关 * 调整你投入作用的激励的数量——“要么全力以赴，要么点滴全无”的极端情况并不必要。	

红旗出版社
RED FLAG PRESS
推动进步的力量

图书在版编目（CIP）数据

哈佛激励课 /（英）马克斯·兰茨伯格著；卞学光等译．
— 北京：红旗出版社，2017.3
书名原文：The Tao of Motivation
ISBN 978-7-5051-4107-0
Ⅰ．①哈… Ⅱ．①马… ②卞… Ⅲ．①成功心理—通俗读物
Ⅳ．① B848.4-49
中国版本图书馆 CIP 数据核字（2017）第 053326 号
北京市版权局著作权合同登记号：图字 01-2017-1411 号

书　　名　哈佛激励课
著　　者　（英）马克斯·兰茨伯格
译　　者　卞学光 等
出 品 人　高海浩　　　　责任编辑　赵智熙
总 监 制　李仁国　　　　封面设计　王　鑫
出版发行　红旗出版社　　地　　址　北京市沙滩北街 2 号
邮政编码　100727　　　　编 辑 部　010-57274504
E-mail　hongqi1608@126.com
发 行 部　010-57270296
印　　刷　三河市春园印刷有限公司
开　　本　620 毫米 ×889 毫米　1/16
字　　数　100 千字　　　印张　13
版　　次　2017 年 5 月北京第 1 版　2017 年 5 月北京第 1 次印刷
ISBN 978-7-5051-4107-0　定价　46.00 元

欢迎品牌畅销图书项目合作 联系电话：010-57274627
凡购本书，如有缺页、倒页、脱页，本社发行部负责调换。